Между нами

Рабо́та в аудито́рии
Classroom Activities

Units 1-5

Last Revised: June 2, 2020

by
Lynne deBenedette
Brown University

with **William J. Comer**
Portland State University

and **Alla Smyslova**
Columbia University

Except as otherwise noted, this work is licensed under a
Creative Commons Attribution-NonCommercial-NoDerivatives 4.0 International License.

Между нами

Рабо́та в аудито́рии (Classroom Activities): Units 1-5
Last Revised: June 2, 2020

© 2015. This work was originally published by the Ermal Garinger Academic Resource Center at the University of Kansas. Editions subsequent to 2018 are published by the Open Language Resource Center (http://olrc.ku.edu/).

Illustrations: Anna Boyles
Production/Layout Coordinator: Keah Cunningham
Project Assistant: Kayla Grumbles
Project Manager: Jonathan Perkins

Printed by Jayhawk Ink
University of Kansas

Except as otherwise noted, this work is licensed under a Creative Commons Attribution-NonCommercial-NoDerivatives 4.0 International License.

You are free to copy and redistribute the material in any medium or format under the following terms:

- **Attribution** — You must give appropriate credit, provide a link to the license, and indicate if changes were made. You may do so in any reasonable manner, but not in any way that suggests the licensor endorses you or your use.
- **NonCommercial** — You may not use the material for commercial purposes.
- **NoDerivatives** — If you remix, transform, or build upon the material, you may not distribute the modified material.
- **No additional restrictions** — You may not apply legal terms or technological measures that legally restrict others from doing anything the license permits.

To view a full copy of this license, visit http://creativecommons.org/licenses/by-nc-nd/4.0/ or send a letter to Creative Commons, 444 Castro Street, Suite 900, Mountain View, California, 94041, USA.

ISBN: 978-1611950274

Содержа́ние

Введе́ние v
Уро́к 1 .... **1**
   Часть 1 1
   Часть 2 17
   Часть 3 33
Уро́к 2 .... **53**
   Часть 1 53
   Часть 2 71
   Часть 3 87
Уро́к 3 .... **101**
   Часть 1 101
   Часть 2 121
   Часть 3 141
Уро́к 4 .... **165**
   Часть 1 165
   Часть 2 187
   Часть 3 207
Уро́к 5 .... **223**
   Часть 1 223
   Часть 2 237
   Часть 3 251

Введе́ние

To Students

Welcome to the study of Russian! *Рабо́та в аудито́рии* (Classroom Activities) will be used to practice the language with your instructor and fellow students, and should be brought to class every day. It is only one element of the *Между нами* program, which also includes an online textbook (mezhdunami.org) and *Дома́шние зада́ния* (Homework Assignments).

Organization of these classroom activities

The numbering system in the classroom activities matches the numbering system in the online textbook. As such, the exercises labeled 2.4 correspond to episode 2.4 Но́вые адреса́ in the online textbook.

- 🎧 marks activities where you will listen to content read aloud by your teacher.

- 🔎 marks activities where you will need to gather information from Russian internet sites. Unless otherwise indicated, those links can be found at mezhdunami.dropmark.com.

Activities are arranged in an order that takes you on a kind of journey. After you read and listen to a text, the materials guide you from this first encounter with new Russian words and phrases to a basic understanding of their use in both written and spoken forms. You then move on to carefully structured activities where you use these new words and phrases to communicate with classmates and your teacher. Often at that point you will also have an opportunity to do "noticing" activities that ask you to pay attention to new grammatical forms and the meanings they express. Gradually you will build your ability to use these new language structures on your own.

Learning strategies to keep in mind as you do classroom activities

1. Read the instructions for each activity carefully and follow the steps as indicated.
2. The instructions often ask you to read Russian sentences aloud. It may seem odd to read aloud to yourself, but vocalizing is very important in learning a language. This opportunity for "rehearsal" also means that you will have an easier time using this new material in later conversations.
3. Do not worry about making mistakes when reading aloud; it is natural to have difficulty, especially when first encountering new words. The more practice you get connecting letters with the sounds, the greater success you will have in learning Russian.
4. Work actively on sounding out new words you encounter in the activities. You will be surprised how many international words you will recognize once you pronounce the syllables aloud.
5. **As you learn the alphabet in Уро́к 1 (Unit 1), you may be tempted to write English letters over the Russian ones as you sound out new words. You should avoid doing this. Working directly with the Russian letters (rather than their English equivalents) is crucial as you learn to read, write, listen and speak.**
6. When working in pairs or small groups, use the examples and models provided to guide you in completing your work. Following the models will allow you to speak mostly Russian in class from the very beginning of the semester.

Unlike other language programs that you may have used, the activities for this program require you to pay attention to the meanings of new words and phrases, and not just to their grammar. To complete many of these activities you will need to know the texts and the story line of *Ме́жду на́ми*.

Уро́к 1: часть 1

1.1 Зада́ние 1. Э́то Ама́нда Ли. Всё поня́тно?
Place a check mark next to the sentences that accurately reflect information provided in the text.

1. ____ The young woman's name is Anne.
2. ____ She is heading to Washington.
3. ____ Her last name is Lee.
4. ____ She is an American.
5. ____ She is flying to Moscow.
6. ____ She is married to a Russian.
7. ____ The young man is the woman's boyfriend.
8. ____ He is meeting the her at the airport.

1.1 Зада́ние 2. Как в те́ксте? (How Is It in the Text?)
А и́ли Б? Circle the word that matches what you see in the picture.

А		Б
1. Ама́нда		Дени́с
2. Петербу́рг		аэропо́рт
3. Дени́с		Вади́м
4. Вашингто́н		Москва́
5. америка́нка		ру́сский
6. Вашингто́н		Росси́я

Между нами: Рабо́та в аудито́рии

1.1 Зада́ние 3. Чита́ем по-ру́сски (Let's Read Russian)

Sound out the words on the left and select the picture that best matches each word. Place a check mark below the picture you select.

A. One-syllable words

1. кот

2. шок

3. парк

4. штат

B. **Two-syllable words**

1. ма́ма

2. поэ́т

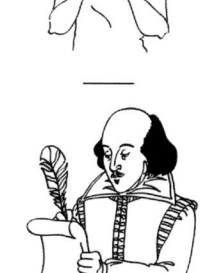

3. па́па

4. ко́смос

5. эссе́

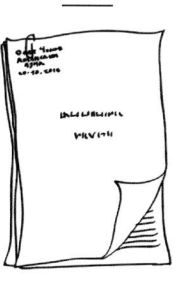

Между нами: Рабо́та в аудито́рии　　　　　　　　　　　Уро́к 1: часть 1　　　3

6. вино́

7. меню́

8. до́ктор

1.1 Зада́ние 4. Кто (Who) э́то? Что (What) э́то?

Your instructor will give you word cards. Work in pairs to match them to these pictures.

1.1 Задáние 5. Какóе э́то слóво? (What Word Is It?)

In the first column you will see a picture and its caption. One of the words in the caption is missing some letters. From the options provided, circle the letters that correctly complete the word.

		а	**б**	**в**	**г**
1.	Э́то Де____с.	ни	ну	на	ин
2.	Э́то Моск____.	ав	ва	га	во
3.	Э́то Домо____дово.	ед	до	ге	де
4.	Э́то аэро____рт.	ло	оп	по	до
5.	Э́то Амá____а.	дн	пд	дп	нд

Между нáми: Рабóта в аудитóрии   Урóк 1: часть 1

1.1 Задáние 6. Читáем по-рýсски (Let's Read Russian)

Sound out the words on the left and select the picture that best matches each word. Place a check mark below the picture you select.

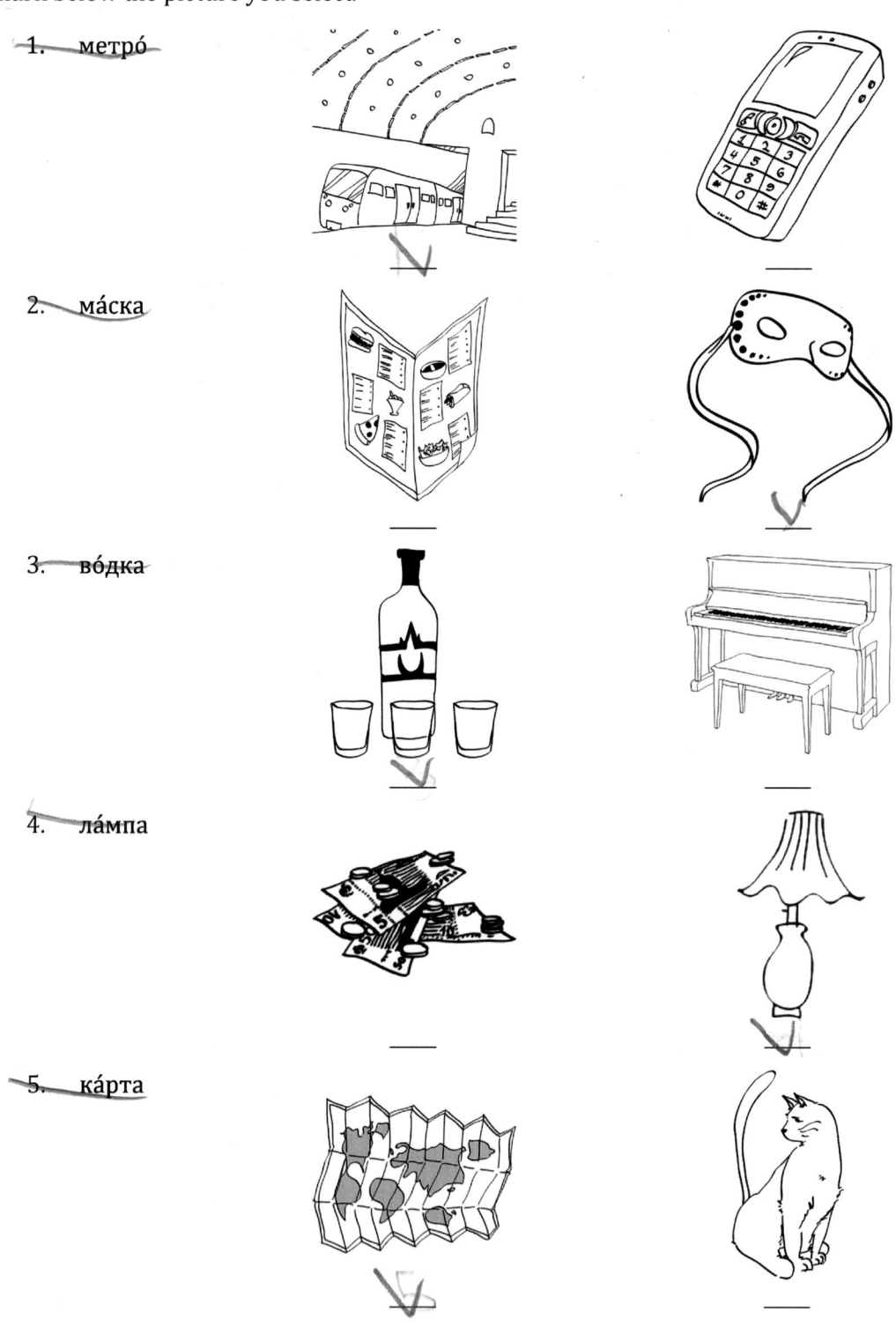

1. метрó
2. мáска
3. вóдка
4. лáмпа
5. кáрта

6. дра́ма

7. тури́ст

8. до́ктор

9. тюрба́н

Между нами: Рабо́та в аудито́рии

1.1 Зада́ние 7. Кто э́то?

Below are some American first names written in Russian. Sound them out, and then place a check mark in the correct column to indicate whether the name is more typical for men or for women.

	он	она́
1. Стив	___	___
2. Ша́рон	___	___
3. Росс	___	___
4. Са́ра	___	___
5. А́дам	___	___
6. Викто́рия	___	___
7. Га́ри	___	___
8. Мэ́ри	___	___
9. Диа́на	___	___
10. Па́трик	___	___

1.1 Зада́ние 8. Како́е э́то сло́во?

Sound out the Russian words below and match each word to its English defintion.

1. _з_ йо́га
2. _л_ рестора́н
3. ___ спорт
4. ___ университе́т
5. ___ кинотеа́тр
6. ___ маши́на
7. ___ во́дка
8. ___ адвока́т
9. ___ плане́та
10. ___ тури́ст
11. ___ эскала́тор
12. ___ до́ллар
13. ___ эква́тор
14. ___ е́вро
15. ___ юбиле́й

а. a car
б. a moving staircase
в. currency in the United States
г. an alcoholic beverage
д. athletic activities
е. a major anniversary (e.g., 50th birthday)
ж. Earth is one
з. Eastern form of exercise and meditation
и. it divides the hemispheres
к. currency in Europe
л. a place to eat
м. a place to receive higher education
н. a place to watch a movie
о. a professional who can help with legal problems
п. a person who does sightseeing

1.2 Задáние 1. Ситуáции

Here are some pictures from this episode. Work with a partner to choose the best caption from the list. Be sure to read the captions aloud. Write the letter of the caption label under the appropriate picture.

    а.   Óчень приятно. Денис.

    б.   Как тебя зовýт?

    в.   Кто э́то?

    г.   Вы — Антóнио Морáлес?

Мéжду нáми: Рабóта в аудитóрии   Урóк 1: часть 1

1.2 Задáние 2. Ситуáции (Greetings)

Read the phrases aloud and then circle the most logical phrase for the situation depicted.

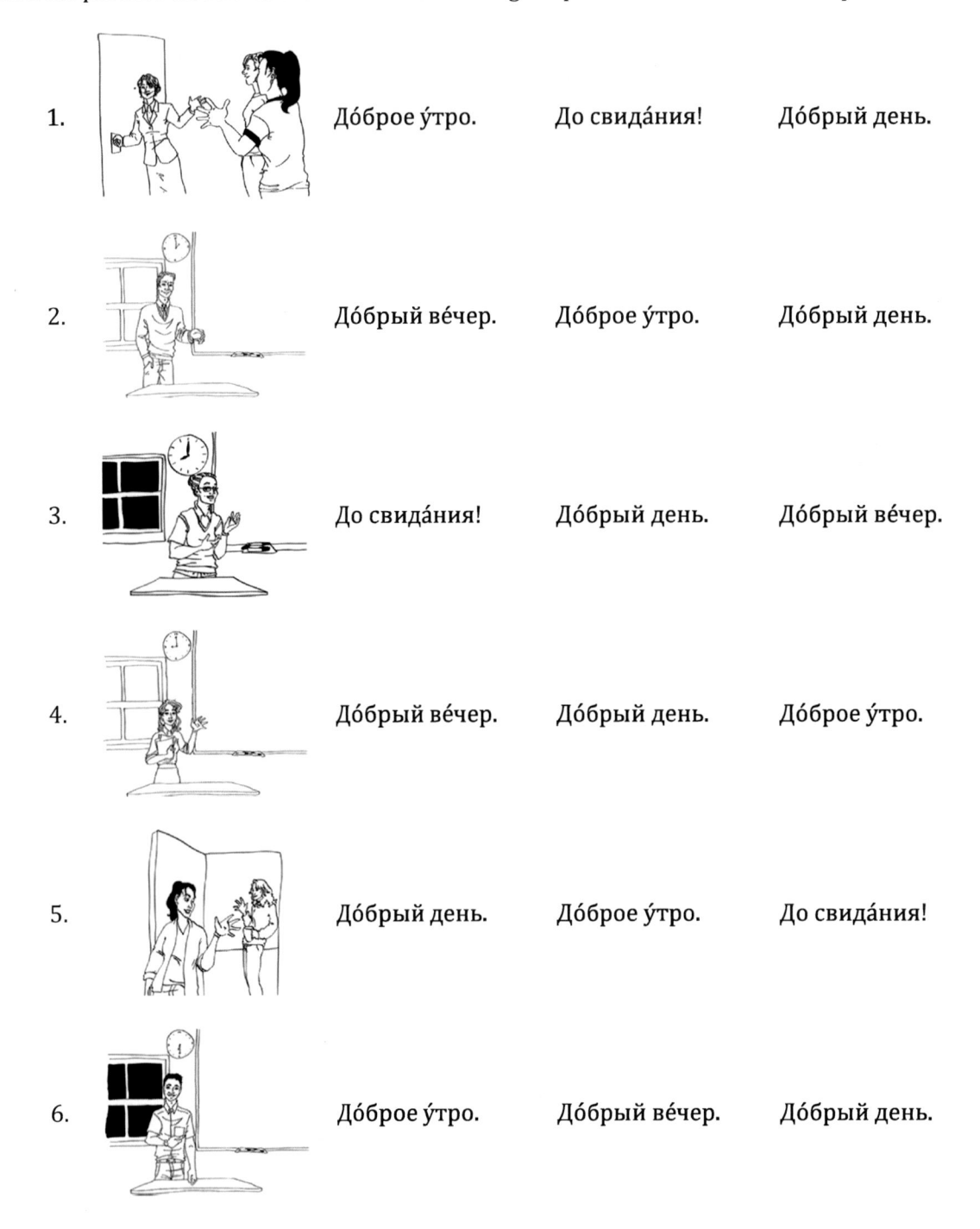

1. Дóброе ýтро.   До свидáния!   Дóбрый день.

2. Дóбрый вéчер.   Дóброе ýтро.   Дóбрый день.

3. До свидáния!   Дóбрый день.   Дóбрый вéчер.

4. Дóбрый вéчер.   Дóбрый день.   Дóброе ýтро.

5. Дóбрый день.   Дóброе ýтро.   До свидáния!

6. Дóброе ýтро.   Дóбрый вéчер.   Дóбрый день.

🎧 1.3 Задание 1. Как его зовут? Как её зовут?

The Russians and Americans depicted below have names that make it difficult to determine the person's gender (Denis/Denise, Sasha/Sasha, Alex/Alex, and Nicky/Nicki). Listen to these statements telling a person's name and place a check mark next to the silhouette that matches the statement. The pronoun **его** or **её** will help you determine if the person is a man or woman.

For example, if you hear, "**Её зовут Дениз**," you will place a check next to the woman's silhouette in column **Б**.

	А	Б
0.	👤	✓ 👤
1.	👤	👤
2.	👤	👤
3.	👤	👤
4.	👤	👤
5.	👤	👤
6.	👤	👤
7.	👤	👤

Между нами: Работа в аудитории

1.3 Задáние 2. Кто э́то?

a. Help sort out the characters in our story. Working with a partner, look at the pictures and choose the word from the word bank that logically and grammatically completes the statement. Be sure to say each statement aloud. Write your answers in in cursive.

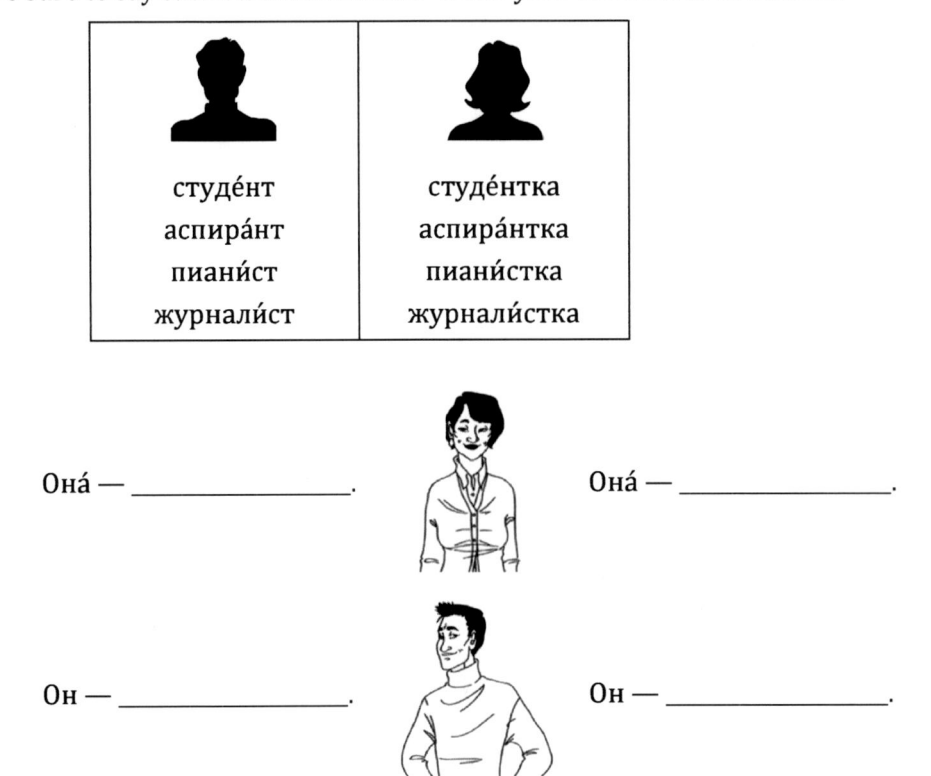

студéнт	студéнтка
аспирáнт	аспирáнтка
пианúст	пианúстка
журналúст	журналúстка

Онá — _____.

Онá — _____.

Он — _____.

Он — _____.

б. Now see if you can write in a bit more. Be sure to read each sentence aloud.

Онá не _____. Онá _____.

_____ зовýт Тóни. Он _____.

12 Урóк 1: часть 1   *Мéжду нáми*: Рабóта в аудитóрии

1.3 Задáние 3. Какáя категóрия?

Sound out the Russian words in the left-hand column and then categorize each item by placing a check mark in the appropriate column.

Словá	Категóрии		
	инструмéнты	профéссии	фрýкты
1. авокáдо	___	___	___
2. актёр	___	___	___
3. бáнджо	___	___	___
4. банáн	___	___	___
5. гитáра	___	___	___
6. лайм	___	___	___
7. лимóн	___	___	___
8. музыкáнт	___	___	___
9. пианúно	___	___	___
10. полúтик	___	___	___
11. фúзик	___	___	___
12. ксилофóн	___	___	___

1.3 Задáние 4. Какóе слóво лúшнее? (Which Word Is Extra?)

Working with a partner, read the four words in each set aloud. Cross out the word that does not logically belong. Be able to explain in English why you excluded the word you did.

Ирáн	зéбра	кóсмос	фотогрáфия	Россúя
Лóндон	рóза	Марс	бар	Áзия
Ирáк	тигр	Юпúтер	парк	Канáда
Áнглия	кенгурý	банáн	ресторáн	Гермáния
рóза	Вóлга	Дáллас	Толстóй	Итáлия
úрис	Дон	Россúя	Достоéвский	Испáния
лúлия	Невá	Сáнта-Бáрбара	Твен	Филадéльфия
авокáдо	Амéрика	Бóстон	Чéхов	Норвéгия

Между нами: Рабóта в аудитóрии

Урóк 1: часть 1

1.3 Задáние 5. Обзóрные упражнéния (Review Activities)

Work with a partner to create a conversation between Vera, Mark and Anton using the lines below. There may be more than one correct way to make a logical conversation. You may decide to have one person speak multiple lines all at once or to have each speaker use only one line at a time.

a. Write the speaker's name on the left, and the number of the line(s) that person speaks on the right. Use a minimum of six lines in addition to the conversation opener provided. **There is a way to use all 11 lines, but you can create a conversation using fewer as well.**

1. Вéра, кто э́то?
2. Дóбрый день.
3. Дóбрый день.
4. Как тебя́ зову́т?
5. Меня́ зову́т Марк.
6. Нет, я аспирáнт.
7. Óчень прия́тно.
8. Óчень прия́тно.
9. Ты студéнт?
10. Э́то студéнт. Егó зову́т Антóн.
11. Я америкáнец.

```
_____ Вéра:  2 _____
_____ : _____
_____ : _____
_____ : _____
_____ : _____
_____ : _____
_____ : _____
_____ : _____
_____ : _____
```

б. Practice reading the conversation aloud with your partner.

в. Act your dialogue out for the group next to yours or for the whole class.

г. Listen to the dialogue created by your neighbors and decide: **Всё нормáльно?** (Is everything okay?)

1.3 Задáние 6. Обзóрные упражнéния (Review Activities)

Sound out the words on the left and select the picture that best matches each word. Place a check mark below the picture you select.

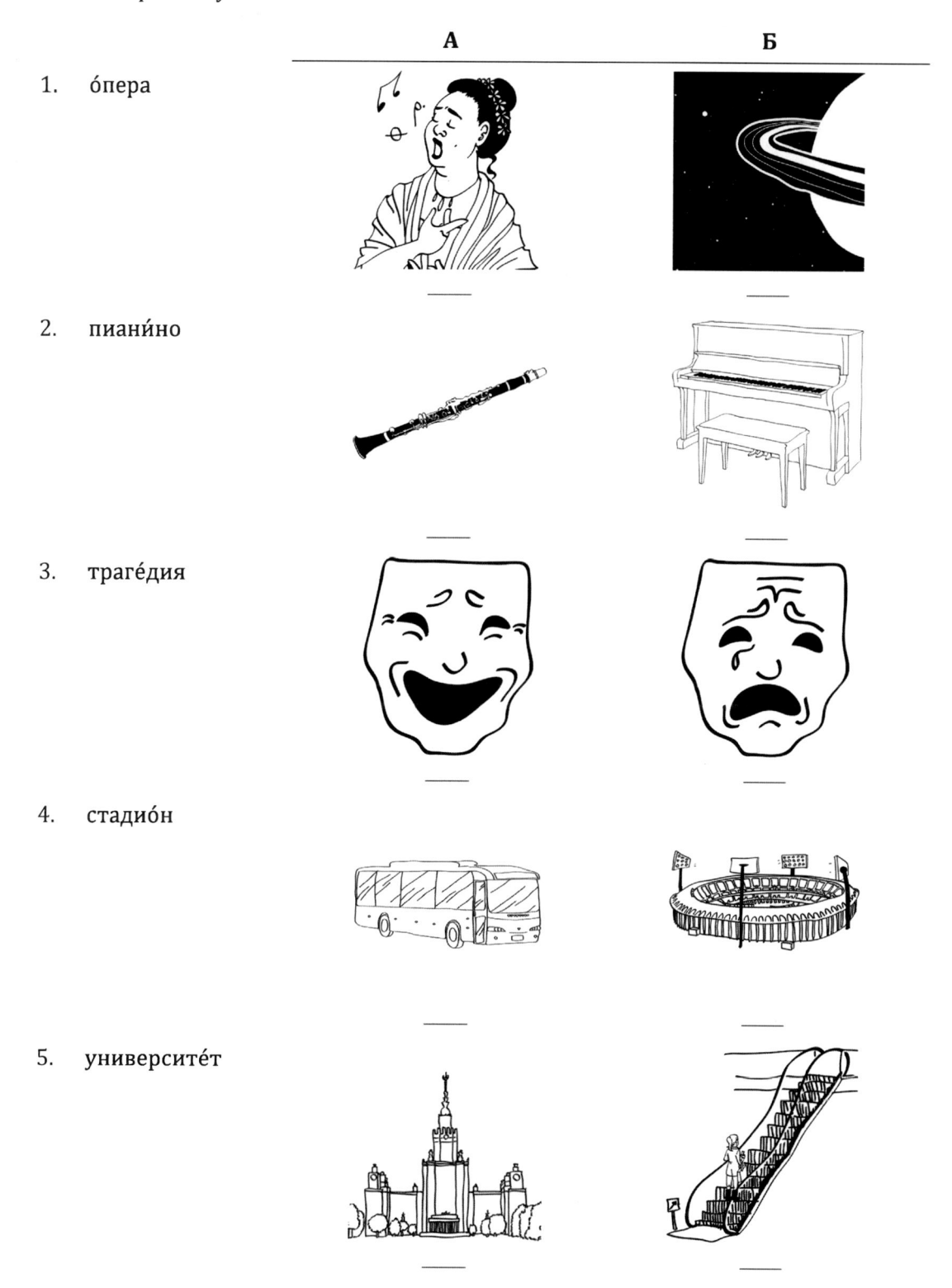

		А	Б
1.	óпера		
2.	пианúно		
3.	трагéдия		
4.	стадиóн		
5.	университéт		

6. диску́ссия

7. эскала́тор

8. рестора́н

Уро́к 1: часть 2

1.4 Зада́ние 1. Рабо́та над те́кстом (Work on the Text)

Each image below has two incomplete sentences next to it. Work with a partner to finish the sentences based on what you learned in this episode. Read your sentences aloud as you go.

Э́то _____

_____.

Ната́лья Миха́йловна — _____.

Э́то _____ и

_____.

Джош и Ке́йтлин — _____.

— Ке́йтлин, где ваш _____

_____?

— Ой, я _____.

1.4 ЗАДА́НИЕ 2. НО́ВЫЕ (NEW) БУ́КВЫ В ТЕ́КСТЕ

Sound out the Russian words below and match them to an English definition.

1. ____ цикл
2. ____ цент
3. ____ ха́ос
4. ____ сце́на
5. ____ центр
6. ____ эффе́кт
7. ____ цуна́ми
8. ____ офице́р
9. ____ хулига́н
10. ____ цини́зм
11. ____ револю́ция
12. ____ цивилиза́ция

а. a troublemaker
б. society, culture, way of life
в. a cynical attitude
г. a small part of a play or film
д. rank in the armed forces
е. a political overthrow
ж. a US coin
з. a periodically repeated sequence of events
и. total disorder
к. result
л. a huge tidal wave
м. middle

🎧 1.4 ЗАДА́НИЕ 3. ЗДРА́ВСТВУЙТЕ! GREETINGS AND GETTING ACQUAINTED

How well do you remember what greetings the characters use with one another? As you listen to your instructor read the greetings below, place a check mark to the left of any that you remember being in the text.

Once you have heard the complete list, go back and re-read the episode to check your answers. Write in the initials of the person who says the greeting (**Кто э́то говори́т?**) and to whom (**Кому́?**). Some greetings may have more than one set of possible answers.

НМ = Ната́лья Миха́йловна	Д = Дени́с
Дж = Джош	К = Ке́йтлин
А = Ама́нда	Т = То́ни

		Кто э́то говори́т (says)?	Кому́ (to whom)?
1.	____ До́брый ве́чер.	____	____
2.	____ Здра́вствуй.	____	____
3.	____ Приве́т.	____	____
4.	____ Дава́йте познако́мимся.	____	____
5.	____ О́чень прия́тно.	____	____
6.	____ До́брый день.	____	____
7.	____ Здра́вствуйте.	____	____

1.4 Задáние 4. Как нáдо здорóваться? (How Should One Greet...?)

Circle a greeting appropriate for the situation pictured. The speakers are indicated.

1. — Джош и Лóра,
   - а. дóброе ýтро!
   - б. здрáвствуй!
   - в. привéт!

2.
   - а. Здрáвствуй!
   - б. Óчень приятно!
   - в. Здрáвствуйте!

3.
   - а. Привéт!
   - б. Здрáвствуй!
   - в. Дóбрый день!

4.
   - а. Денис, здрáвствуйте!
   - б. Денис, привéт!
   - в. Денис, давáйте познакóмимся.

5.
   - а. Здрáвствуй!
   - б. Здрáвствуйте!
   - в. Óчень приятно.

6.
   - а. Здрáвствуйте!
   - б. Давáйте познакóмимся.
   - в. Привéт!

7.
   - а. Алексéй. Привéт.
   - б. Алексéй. Здрáвствуй.
   - в. Алексéй. Óчень приятно.

1.4 Задáние 5. На ты и́ли на вы?

a. Place a check mark in the appropriate column(s) to identify the context(s) in which the following forms of address are used.

	А formal address only	**Б** informal address only	**В** either formal or informal address
1. Приве́т!	___	___	___
2. Здра́вствуй!	___	___	___
3. О́чень прия́тно.	___	___	___
4. Как тебя́ зову́т?	___	___	___
5. Кто э́то?	___	___	___
6. Здра́вствуйте!	___	___	___
7. Как вас зову́т?	___	___	___
8. Его́ зову́т Алекса́ндр?	___	___	___
9. Тебя́ зову́т Ни́на?	___	___	___

б. Look back at the examples above and circle the numbers for any phrases that can <u>only</u> be addressed to one person.

1.4 Задáние 6. Ситуáции

You are an exchange student in Russia who is taking classes with Russian and American students. Be ready to act out these exchanges.

1. (2 students) It is morning on the first day of the term. One student enters a class for the first meeting and sees another student already sitting in the room. Both of you greet each other and introduce yourselves.	4. (3-4 students) At a party to celebrate the first day of classes, you see one of the Russian students you had not met before today. Greet him/her. Then your good friend from home approaches you. Introduce him/her to your classmate. They all exchange greetings.
2. (3-4 students) It is evening on the first day of the term. You enter an evening class for the first time. There are several students already sitting there. Greet them, introduce yourself and ask the names of a couple of them. They greet you and introduce themselves to you. (+2 more students) Two of your good friends come up to you. Introduce them to the other classmates.	5. (3 students) In the hall of the building where you live you **run into the 10-year-old son of your Russian** neighbors. He is with his school friend whom you have never seen. Greet them, introduce yourself to the friend and ask for his name.
3. (3 students) At a party to celebrate the first day of classes, you see two students who you remember seeing in class, but you don't know their names, and they don't know yours. Exchange greetings and introductions. (+2 more students) Two of your good friends come up to you. Introduce them to the other classmates.	6. (2 students + instructor) You and your friend run into your Russian instructor on campus. Greet the instructor and introduce your friend to your instructor.

1.4 Задáние 7. Срáзу по-рýсски (Using Russian From the Start)

To find out how how someone is, you can ask:

- Как делá?
- Как у тебя́ делá? (**у тебя́** = by you, informal)
- Как у вас делá? (**у вас** = by you, formal)

Remember that this question that requires an answer. Unlike Americans, Russians do not use "How are you?" or "How are you doing?" in place of "Hello."

Below are some potential answers to the question. Work with a partner to look up the four words below using the online dictionary at wordreference.com/enru. Then put them in order from the most optimistic to the most pessimistic by writing them in the chart below. Three answers in the middle of the spectrum have already been done for you.

| отлично | плохо | ужасно | хорошо |

Best day...				Worst day...
отлично	хорошо	нормально неплохо ничего	плохо	ужасно

1.5 Задáние 1. Что и́щет Ди́ма? (What Is Dima Looking for?)

Dima never knows where his things are. His grandmother always tells him where to look… even when she has not **heard him correctly**! For each question and answer in the right-hand column, decide what she *thinks* he is asking about and write that word in the blank. The first one has been done for you.

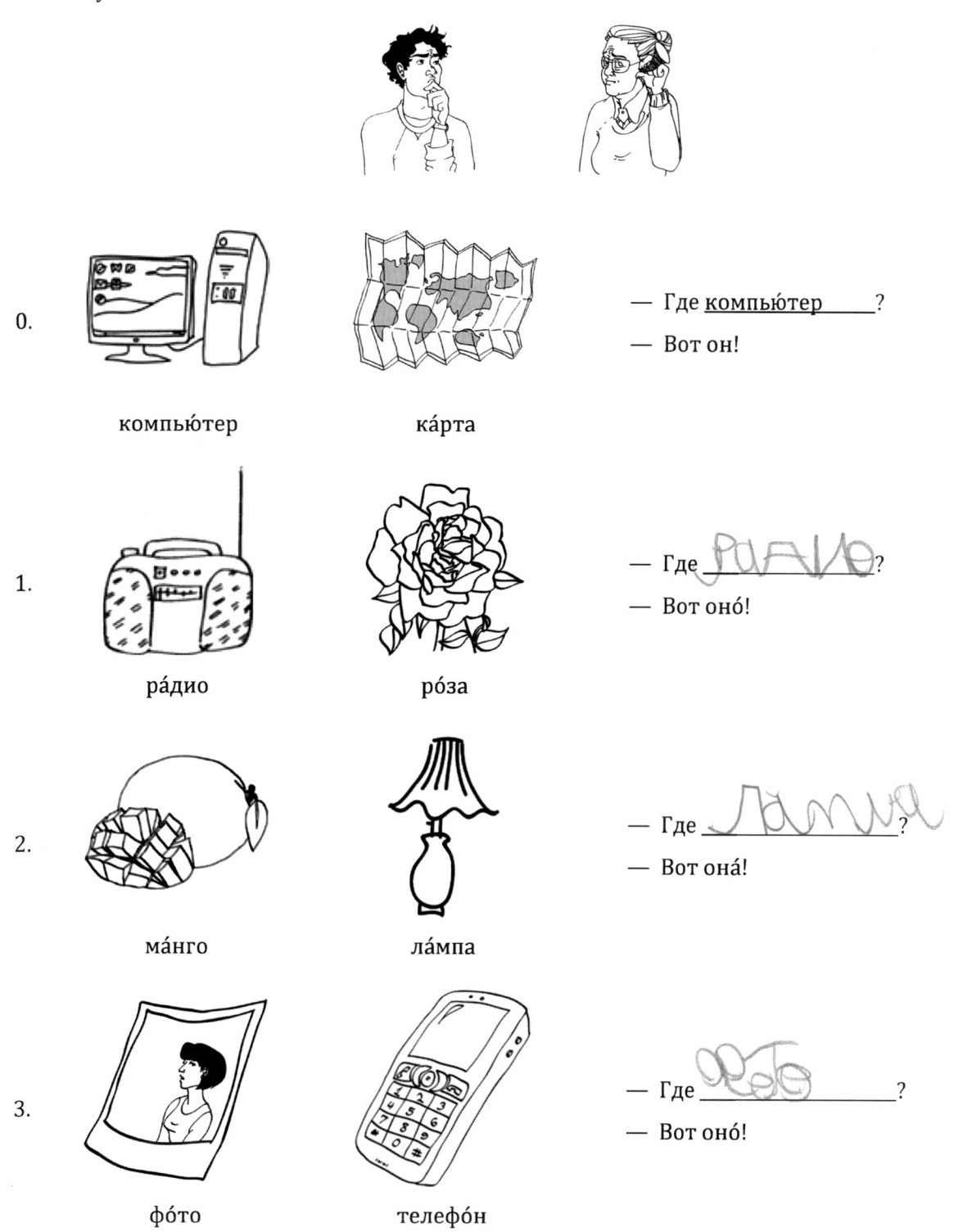

0. компью́тер / ка́рта
— Где <u>компью́тер</u>?
— Вот он!

1. ра́дио / ро́за
— Где _ра́дио_?
— Вот оно́!

2. ма́нго / ла́мпа
— Где _ла́мпа_?
— Вот она́!

3. фо́то / телефо́н
— Где _фо́то_?
— Вот оно́!

4. кларнет / вино
— Где _вино_?
— Вот он!

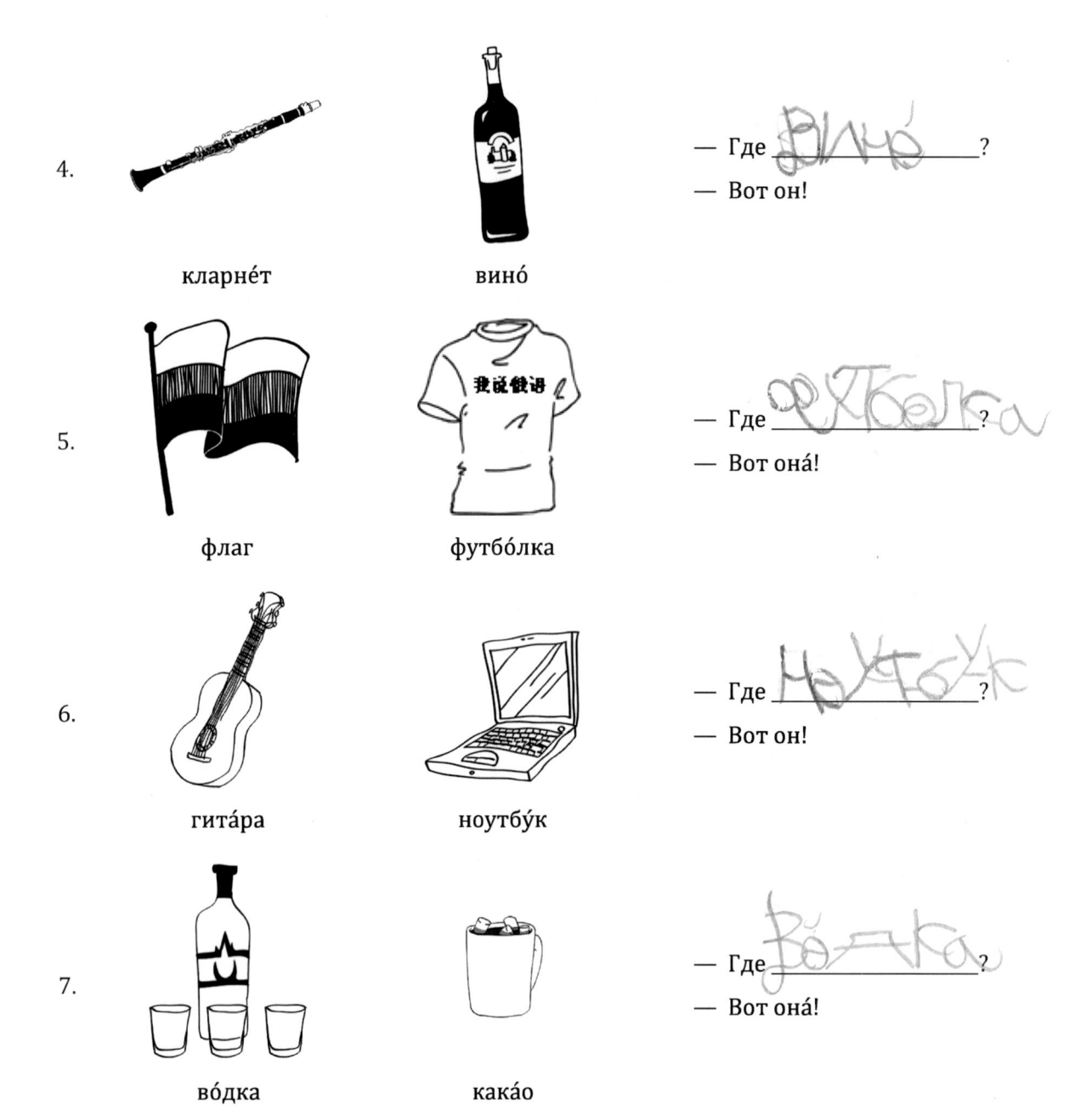

5. флаг / футболка
— Где _футболка_?
— Вот она!

6. гитара / ноутбук
— Где _ноутбук_?
— Вот он!

7. водка / какао
— Где _водка_?
— Вот она!

24 Урок 1: часть 2   *Между нами*: Работа в аудитории

1.5 Задáние 2. Personal Pronouns

By now you have seen a number of Russian personal pronouns. Fill in the blanks with the appropriate pronouns from the word bank. Two have been done to get you started.

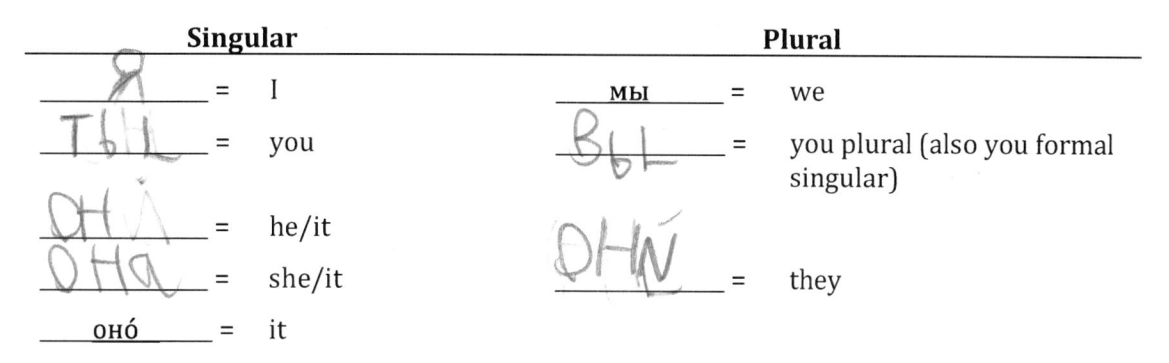

вы	он	онá
они́	ты	я

Singular

- _я_ = I
- _ты_ = you
- _он_ = he/it
- _онá_ = she/it
- онó = it

Plural

- мы = we
- _вы_ = you plural (also you formal singular)
- _они́_ = they

🎧 1.5 Задáние 3. Где? Здесь и́ли там?

Listen to each question and select the grammatically correct phrase to point out the location of the object. Then look at the picture, and indicate whether the response accurately describes the object's location (**Э́то вéрно**?).

Look at the example provided below. If you hear "**Где чемодáн?**" you would mark "**Он здесь**" (grammatically correct since **чемодáн** is masculine), and "**да**" (because the **чемодáн** is close in the picture).

					Э́то вéрно?
0.	Он здесь. ✓	Онá здесь.	Онó здесь.		✓ да ___ нет
1.	Он там. ✓	Онá там.	Онó там. ✓		✓ да ___ нет

Мéжду нáми: Рабóта в аудитóрии

Урóк 1: часть 2 25

					Это вéрно?
2.	Он там.	Онá там.	Онó там. ✓	☕ 🚆	___ да ✓ нет
3.	Он здесь.	Онá здесь. ✓	Онó здесь.	☕ 🚆	✓ да ___ нет
4.	Он там.	Онá там.	Онó там. ✓	🚻 ☕	___ да ✓ нет
5.	Он здесь. ✓	Онá здесь.	Онó здесь.	🚻 ☕	___ да ✓ нет

1.5 Задáние 4. Меню́

Sound out the Russian menu items on the left. Then for each item write in the letter of the picture that corresponds to that word.

1. __г__ борщ
2. __н__ водá
3. __м__ кóла
4. __б__ кóфе
5. __и__ лимонáд
6. __л__ молокó
7. __е__ сэ́ндвич
8. __з__ чи́збургер
9. __к__ чай
10. __в__ пи́во
11. __а__ пи́цца
12. __ж__ салáт
13. __д__ суп

а.
б.
в.
г.
д.
е.
ж.
з.
и.
к.
л.
м.
н.

1.5 Задáние 5. Ситуáции

Work with a partner to practice what you would need to say in the following situations. You should look back at the words from the previous exercise if needed.

а. In the café, how would Amanda ask for the following items?

(handwritten: кофе, сэндвич, чай)

б. Tony wants something more substantial. How would he ask for the following items?

(handwritten: суп, чизбургер, пиво)

в. You are in the mood to try something Russian from the menu. How would you ask for the following items?

(handwritten: боещи, калат)

🎧 **1.5 Задáние 6. Мя́гкие и твёрдые соглáсные (Hard and Soft Consonants)**

Listen carefully as each word is read aloud and underline any consonants that are soft. Some words may not need any letters underlined.

1. да
2. нéт
3. президéнт
4. политик
5. актёр
6. актриса
7. март (March)
8. апрéль (April)
9. семь (seven)
10. вóсемь (eight)
11. дéвять (nine)
12. Амáнда Ли
13. Денис Гу́рин
14. Тóни Морáлес

1.6 Задáние 1. Фами́лия, и́мя, о́тчество (ФИО)

Your friend has been given a formal list of Russians who are guests at your university, but does not know which names are last names, which are first names, and how the people might be related. Some of them might be siblings, and there is at least one married couple in the group. To complicate matters, some of the names got smudged, and there are missing endings.

б. Read through the list, adding the missing endings on the patronymics. Two have been done for you.

ФАМИ́ЛИЯ LAST NAME	И́МЯ FIRST NAME	О́ТЧЕСТВО PATRONYMIC
Миха́йлов	Андре́й	Анто́нович
Миха́йлова	Ни́на	Алекса́ндровна
Никола́ев	Влади́мир	Андре́ев____
Га́лкин	Серге́й	Петро́в____
Никола́ева	А́нна	Ива́нов____
Га́лкина	Ната́лья	Ива́нов____
Миха́йлова	Лари́са	Анто́нов____
Ивано́ва	Тама́ра	Андре́ев____
Ивано́в	Михаи́л	Петро́в____

в. For each person on the list circle the name(s) you would use to address that person formally.

г. Look through the list of names with your partner and determine how the people might be related to one another. Use the words in the box below to help you with the words for relationships. Here are models that you can follow in making your own sentences:

Ива́н Ива́нович и Ни́на Ива́новна — **брат и сестра́** (brother and sister).

Ива́н Ива́нович Анто́нов и Лари́са Бори́совна Анто́нова — **муж и жена́** (husband and wife).

брат и сестра́	па́па и ма́ма [мать и оте́ц] **сын и дочь** (son and daughter)	муж и жена́

1.6 Задáние 2. Как нáдо обращáться? (How to Address...?)

Here is an English text about Josh's host mother in Irkutsk, along with a word bank of Russian forms of her name. Decide which form of her name makes sense for the given situations. Some forms may be used more than once. Be ready to explain your choices.

Свéта	Светлáна	Черны́х
Светлáна Борúсовна		Черны́х Светлáна Борúсовна

This is Светлáна Борúсовна Черны́х. When she was little, her parents and grandparents called her _____, as did her school friends. In school she had a very strict teacher who only ever called her _____. Her husband would call her _____ or _____. At work she is most often called _____, especially by those colleagues who work under her. However, she has a close relationship with a few of them, and they call her _____ or sometimes _____. Her passport, of course, says _____.

1.6 Задáние 3. Какóе э́то слóво?

Read the following words by sounding them out. Then match each to its definition.

1. ____ Джордж Буш
2. ____ джúнсы
3. ____ Ромéо и Джульéтта
4. ____ Джéссика
5. ____ джаз
6. ____ май
7. ____ Сергéй
8. ____ Эйзенштéйн
9. ____ экспрéсс
10. ____ Ксéния
11. ____ экспéрт
12. ____ сейф
13. ____ троллéйбус

а. a month of the year
б. a form of public transportation
в. a Soviet film director
г. a Russian man's name
д. quick or expedited service
е. a place to keep valuables
ж. a knowledgeable person
з. a former US president
и. a kind of music
к. a girl's name
л. a Russian woman's name
м. something to wear
н. a play by Shakespeare

1.6 Задáние 4. А отéц? Как егó зовýт? (And the Father? What Is His Name?)

For each **и́мя-óтчество** given below, choose the name of that person's father from those provided in the word bank. There are two extra names.

~~Алексéй~~	Владѝмир	Максѝм
~~Андрéй~~	~~Илья́~~	~~Николáй~~
Борѝс	Константѝн	Пáвел
~~Сергéй~~	~~Филѝпп~~	Виссариóн

и́мя-óтчество — А отéц? Как егó зовýт?

1. Настáсья Филѝпповна _____
2. Александр Сергéевич _____
3. Пётр Ильи́ч _____
4. Лев Николáевич _____
5. А́нна Андрéевна _____
6. Сóфья Алексéевна _____
7. Иóсиф Виссариóнович _____
8. Владѝмир Владѝмирович _____
9. Антóн Пáвлович _____
10. Надéжда Константѝновна _____

Урóк 1: часть 3

1.7 Задáние 1. Что́ э́то?

Read the words aloud. Then match each picture to the correct word by writing its letter in the blank provided.

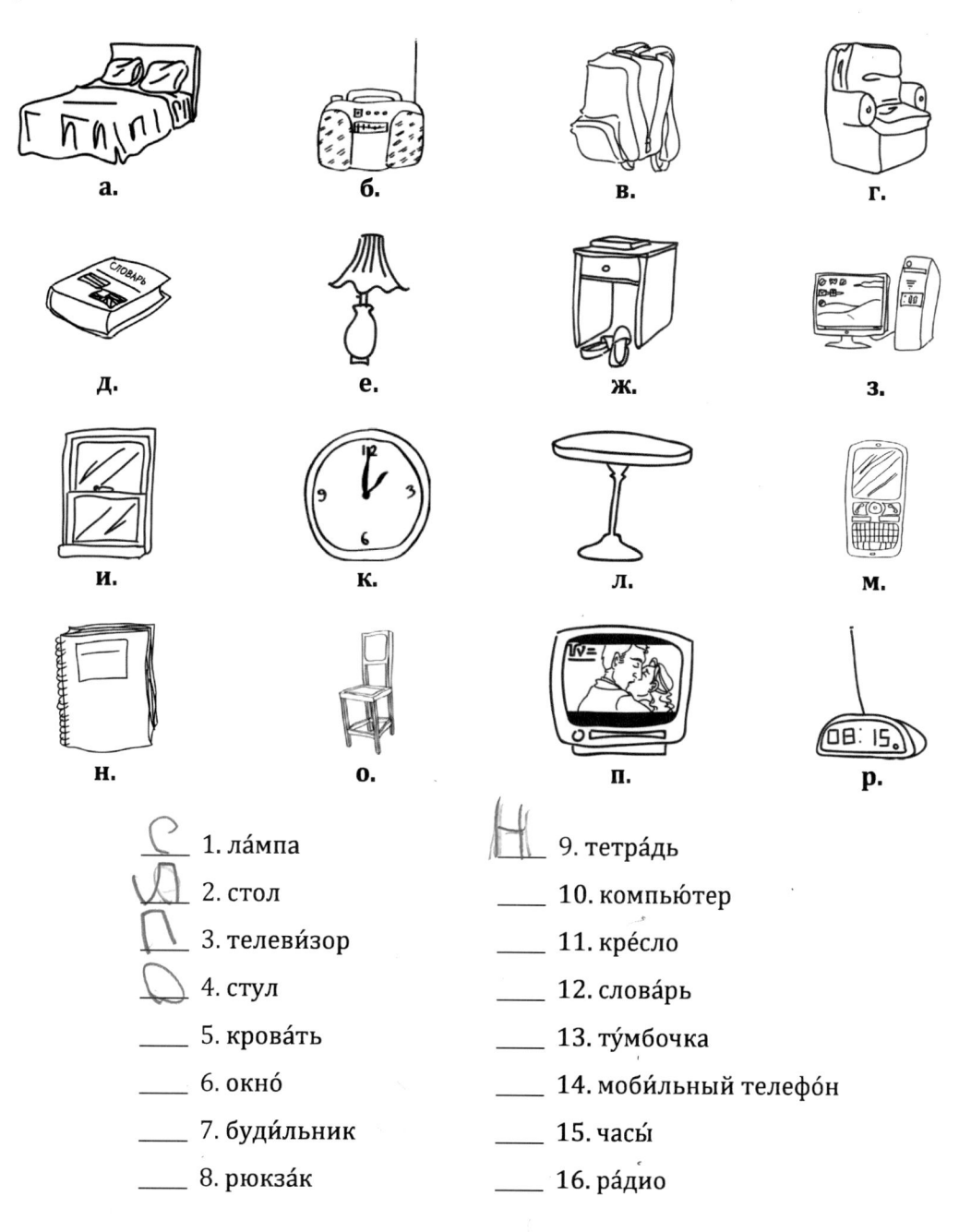

a. б. в. г.

д. е. ж. з.

и. к. л. м.

н. о. п. р.

_е_ 1. лáмпа   _н_ 9. тетрáдь

_л_ 2. стол   ___ 10. компью́тер

_п_ 3. телеви́зор   ___ 11. крéсло

_о_ 4. стул   ___ 12. словáрь

___ 5. кровáть   ___ 13. ту́мбочка

___ 6. окнó   ___ 14. моби́льный телефóн

___ 7. буди́льник   ___ 15. часы́

___ 8. рюкзáк   ___ 16. рáдио

🎧 1.7 Задание 2. Гостиница Аэротель

Below is a list of descriptions from this episode of our story. As you watch and listen, write in the initials of the person to whom each description applies.

НМ = Наталья Михайловна	А = Аманда
К = Кейтлин	Д = Денис

1. ____ This person brings a suitcase.
2. ____ This person opens the door.
3. ____ This person is really grateful.
4. ____ This person has brought a tablet.
5. ____ This person looks at the room.
6. ____ This person has brought a large dictionary.
7. ____ This person needs room #4.
8. ____ This person sees some notebooks.

1.7 Задание 3. Какое слово?

Re-read Диалог 6 in this episode and fill in the Russian modifiers that come before the word **словарь** (dictionary), saying the phrases aloud as you go. Then provide an English translation of each modifier.

Sentence — **Translation of Modifier**

1. _____ это словарь? _____
2. Это _____ словарь. _____
3. Какой _____ словарь! _____
4. А где _____ словарь? _____
5. _____ словарь дома. _____
6. Словарь онлайн — тут. _____

1.7 ЗАДА́НИЕ 4. Он, она́ и́ли оно́?

a. Focus on Диало́г 4 in this episode. Look at the picture of the room and the furnishings that Natalya Mikhailovna mentions. Then write each item in the appropriate column based on its gender. One word has already been placed in the table for you.

он	она́	оно́
телеви́зор телефо́н стол стул	крова́ть	кре́сло

б. Here are some more nouns from the text for you to sort by gender: **па́спорт**, **чемода́н**, **ра́дио**, **телефо́н**, **компью́тер**.

он	она́	оно́

в. Finally, re-read the dialogues and use the grammar hints to put the words **тетра́дь** and **слова́рь** into the correct columns.

— А э́то, наве́рно, ва́ши тетра́ди, Ама́нда?
— Нет, **моя́ тетра́дь** – здесь.

— А где ваш слова́рь, Ама́нда?
— **Большо́й слова́рь** до́ма. А слова́рь онла́йн — тут.

он	она́	оно́

Между нами: Рабо́та в аудито́рии

Уро́к 1: часть 3   35

1.7 Задание 5. Твёрдый или мягкий? (Hard or Soft?)

Fill in the missing letters in the appropriate places in the vowel chart.

shows preceding consonant is **hard**	а			у	ы	
shows preceding consonant is **soft**		е	ё			ь

1.7 Задание 6. Сло́во твёрдое и́ли мя́гкое?

Which of these nouns have soft stems? Place a check mark next to the words that are considered **soft-stem** nouns. Remember to look at the consonant before the ending of the word, and check to see what kind of vowel follows it. If there is no final vowel, check to see if there is a soft sign.

1. ____ чемода́н
2. ____ окно́
3. ____ тетра́дь
4. ____ студе́нт
5. ____ катастро́фа
6. ____ кре́сло
7. ____ стол
8. ____ Ка́тя
9. ____ Росси́я
10. ____ Ама́нда

1.7 Задáние 7. Что э́то такóе? Кто э́то такóй?

Here are some pictures a first-time visitor to Russia may not recognize. Circle the correct question to ask about each image. After you have chosen the appropriate question, you will have an opportunity to find out the answers.

1. Кто э́то такóй?   Что э́то такóе?

2. Кто э́то такóй?   Что э́то такóе?

3. Кто э́то такóй?   Что э́то такóе?

4. Кто э́то такóй?   Что э́то такóе?

5. Кто э́то такóй?   Что э́то такóе?

6. Кто э́то такóй?   Что э́то такóе?

1.8 Зада́ние 1. Кака́я катего́рия?

Sort the clothing words into the categories provided by placing a check mark in the appropriate column. Practice saying the words aloud to yourself or to a partner as you sort. One has been done for you.

You say: "**Джи́нсы. Э́то катего́рия б.**"

	<u>а</u> tops	<u>б</u> bottoms	<u>в</u> accessories	<u>г</u> outerwear	<u>д</u> footwear
1. ма́йка	___	___	___	___	___
2. джи́нсы	___	√	___	___	___
3. ту́фли	___	___	___	___	___
4. плащ	___	___	___	___	___
5. брю́ки	___	___	___	___	___
6. ша́пка	___	___	___	___	___
7. шо́рты	___	___	___	___	___
8. боти́нки	___	___	___	___	___
9. сви́тер	___	___	___	___	___
10. ку́ртка	___	___	___	___	___
11. пальто́	___	___	___	___	___
12. перча́тки	___	___	___	___	___

1.8 Зада́ние 2. Како́й отде́л? (What Department?)

Place a check mark in the column to reflect where you tend to find these items in a store. Some items may appear in both columns. Say the words aloud to yourself or to your partner as you sort them.

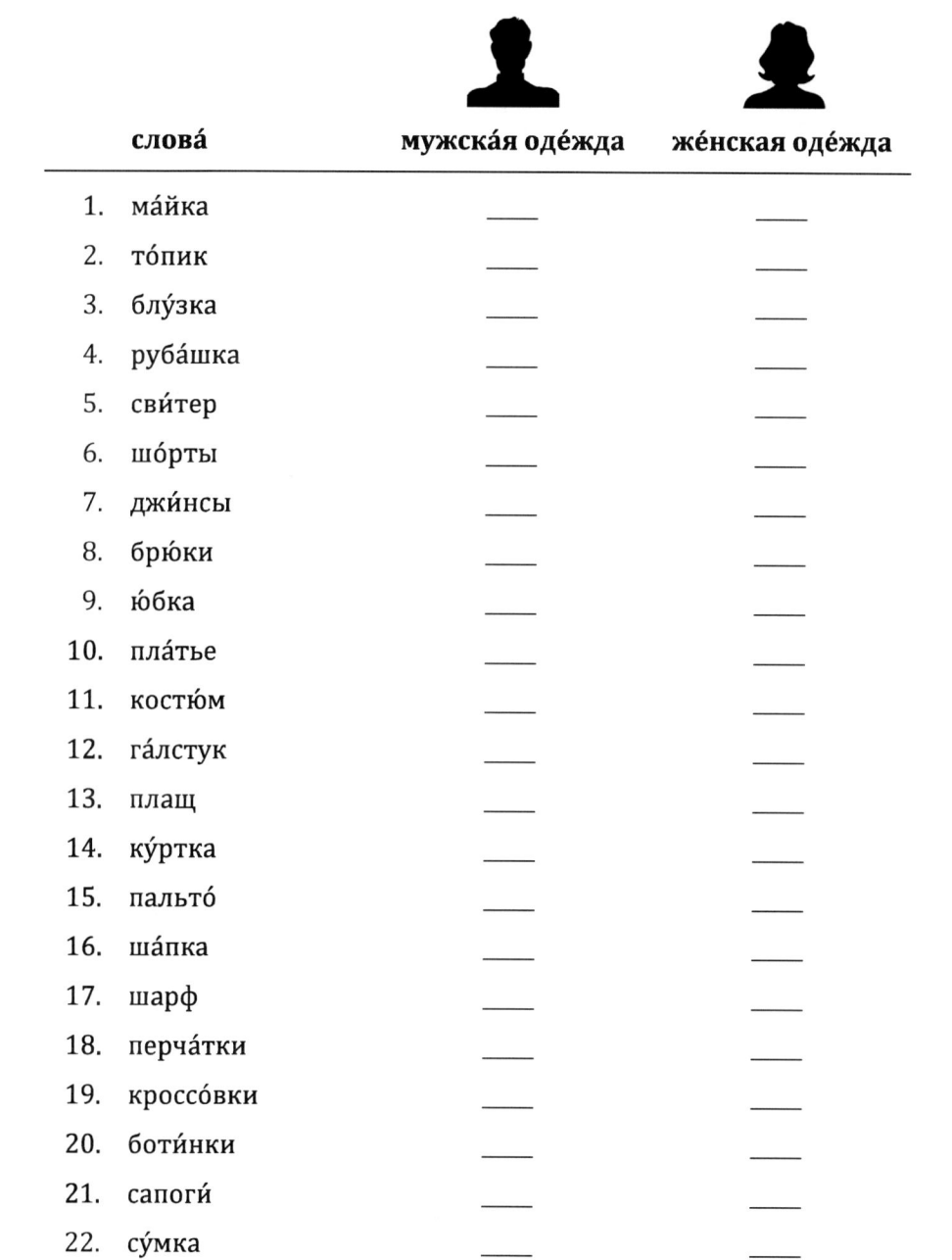

слова́	мужска́я оде́жда	же́нская оде́жда
1. ма́йка	___	___
2. то́пик	___	___
3. блу́зка	___	___
4. руба́шка	___	___
5. сви́тер	___	___
6. шо́рты	___	___
7. джи́нсы	___	___
8. брю́ки	___	___
9. ю́бка	___	___
10. пла́тье	___	___
11. костю́м	___	___
12. га́лстук	___	___
13. плащ	___	___
14. ку́ртка	___	___
15. пальто́	___	___
16. ша́пка	___	___
17. шарф	___	___
18. перча́тки	___	___
19. кроссо́вки	___	___
20. боти́нки	___	___
21. сапоги́	___	___
22. су́мка	___	___

🎧 1.8 Задáние 3. Он, онá, онó и́ли они́?

As you sit at the airport, you overhear snippets of conversations in Russian. Although you do not really understand most of the words, you do hear a few familiar ones. Decide if the sentence is about one person/thing or several, and circle the corresponding word.

	Колóнка 1	Колóнка 2
а.	student	students
б.	notebook	notebooks
в.	computer	computers
г.	nightstand	nightstands
д.	dictionary	dictionaries
е.	an American	Americans
ж.	student	students
з.	bed	beds

Circle the two letters that made the words in the conversation above plural:

а	э	о	у	ы
я	е	ё	ю	и

🎧 1.8 Задáние 4. Нáдо собрáть вéщи! (I Need to Pack!)

Our four students are not the only ones studying abroad. Tanya is a Russian student headed to a university in the United States. Listen to her look for items on her packing list, and circle the letter of each item she mentions.

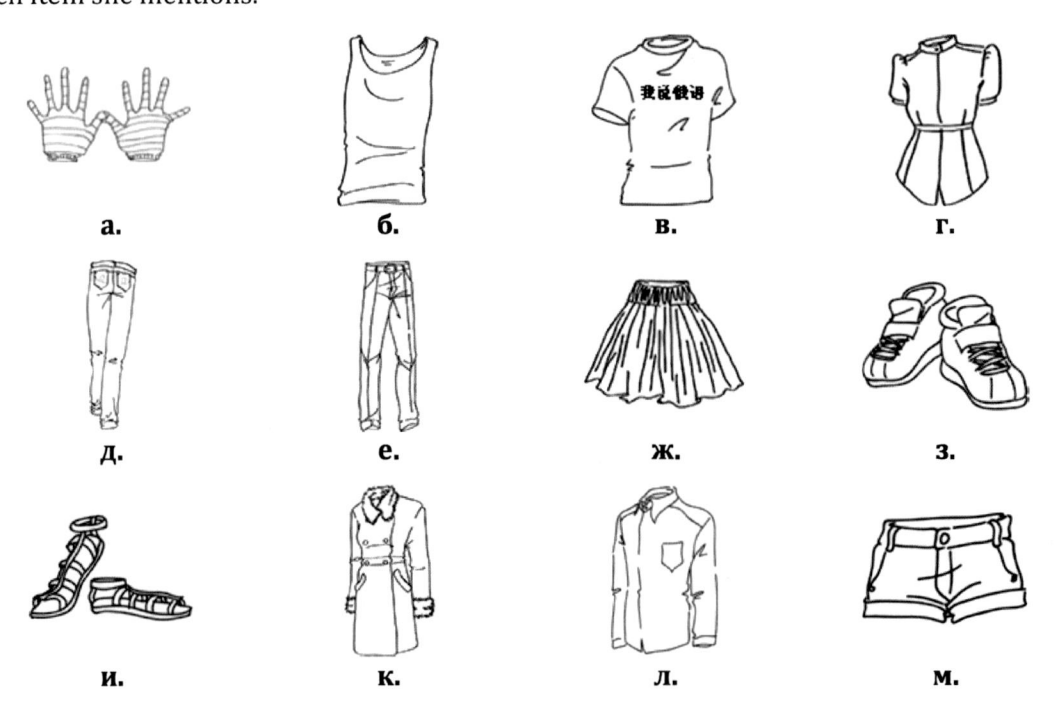

а.   б.   в.   г.

д.   е.   ж.   з.

и.   к.   л.   м.

1.8 Задáние 5. Что э́то?

Work with a partner to decide the category in which each word belongs, and place a check mark in the correct column. Practice saying the words aloud as you sort.

	Clothes		Other objects		People	
	singular	plural	singular	plural	singular	plural
1. мáйки	—	—	—	—	—	—
2. футбóлки	—	—	—	—	—	—
3. кни́ги	—	—	—	—	—	—
4. телеви́зор	—	—	—	—	—	—
5. словáрь	—	—	—	—	—	—
6. студéнты	—	—	—	—	—	—
7. америкáнцы	—	—	—	—	—	—
8. аспирáнтка	—	—	—	—	—	—
9. блу́зки	—	—	—	—	—	—
10. окнó	—	—	—	—	—	—
11. телефóны	—	—	—	—	—	—
12. костю́мы	—	—	—	—	—	—
13. сви́теры	—	—	—	—	—	—
14. ю́бка	—	—	—	—	—	—
15. столы́	—	—	—	—	—	—

1.9 Задáние 1. Чья э́то ку́ртка?

As you watch and listen to this episode, write an appropriate conclusion to each sentence below based on what you learn. Your answers should be in English.

1. Josh wonders where ... _____
2. Denis has come ... _____
3. The t-shirt belongs ... _____
4. Denis thinks the t-shirt ... _____
5. Tony's cell phone ... _____

1.9 Задáние 2. Чей? Чья? Чьё? Чьи? (Whose?)

Here is an excerpt from this episode. Scan it, looking for phrase with a possessive modifier followed immediately by a noun. Underline each such phrase and write the gender/number above the noun, using the abbreviations provided in the box.

MS (masc. singular)	NS (neuter singular)	FS (fem. singular)	PL (plural)

Денúс: Дóбрый вéчер, Тóни. Вот вáши докумéнты. *PL*

Тóни: Большóе спасúбо.

Джош: Денúс, а где мой пáспорт? *MS*

Денúс: Джош, всё нормáльно. Вот твой пáспорт. Ребя́та, а чья э́то кýртка? *MS*

Джош: Ой, моя́! Э́то моя́ кýртка. Большóе спасúбо! *FS*

Денúс: Мóжно?

Тóни: Конéчно.

Денúс: Тóни, э́то твоя́ футбóлка?

Тóни: Да, моя́. Э́то подáрок. А что?

Денúс: Ничегó. Прóсто интерéсно.

Джош: Тóни, ты не знáешь, где мой дéньги?

Джош: Чей э́то телефóн? Денúс, э́то твой мобúльник?

Денúс: Нет, не мой. Вот мой телефóн.

Тóни: Э́то мой телефóн. Но он здесь не рабóтает.

1.9 Задáние 3. Нóвые словá (New Words)

a. Make sure you understand the basic meaning of each Russian possessive by sorting the phrases to match the English possessives provided. Note that you will have more than one Russian phrase for some of the English possessives.

а. наш нóмер (hotel room)	г. их докумéнты	ж. чей словáрь?
б. мой словáрь	д. твой мобúльник	з. моя́ тетрáдь
в. чья кýртка?	е. ваш чемодáн	и. мои́ дéньги

1. _____ my / mine
2. _____ your(s)
3. _____ our(s)
4. _____ their(s)
5. _____ whose?

б. In our story, which character(s) are most likely to say each of these phrases? Answers can be individuals or pairs. Be ready to explain your choices.

НМ = Натáлья Михáйловна	К = Кéйтлин	Д = Денúс
Дж = Джош	Т = Тóни	А = Амáнда

1. _____ наш нóмер (hotel room)
2. _____ мой словáрь
3. _____ чья кýртка
4. _____ их докумéнты
5. _____ твой мобúльник
6. _____ ваш чемодáн
7. _____ чей словáрь?
8. _____ моя́ тетрáдь

🎧 1.9 Задáние 4. Э́то мой рюкзáк

Josh left his backpack in the airport cafe and then ran back for it. To prove it is his, he describes what is in it. Circle each item that he mentions.

1.9 Задáние 5. Диалóги

The box below contains elements from three mini-dialogues. Work with a partner to choose and assign the lines to either Amanda or Denis to match the given contexts. Write in the first letter of the line next to the speaker. Practice reading your completed conversations aloud. Your teacher may also ask you to act it out for the class.

а. Амáнда, где Натáлья Михáйловна?	д. Ну, дéвушки, всё.
б. Да, конéчно. Пожáлуйста.	е. Поня́тно.
в. Кто там?	ж. Спокóйной нóчи, Денúс.
г. Не знáю.	з. Э́то я, Денúс. Мóжно?

Контéксты

1. Denis knocks at Amanda's hotel room door.

   Амáнда:

   Денúс:

   Амáнда:

2. Denis and Amanda are talking.

   Денúс:

   Амáнда:

   Денúс:

3. Denis says goodbye as he leaves.

   Денúс:

   Амáнда:

🎧 1.9 Задáние 6. Какáя э́то фóрма?

Listen to the nouns and indicate whether they are singular or plural by placing a check mark in the appropriate column. Then indicate whether the item(s) would most likely fit in a suitcase (**Да**) or not (**Навéрное нет**).

	Singular	Plural	Fit in a suitcase? Да	Навéрное нет
1.	___	___	___	___
2.	___	___	___	___
3.	___	___	___	___
4.	___	___	___	___
5.	___	___	___	___
6.	___	___	___	___
7.	___	___	___	___
8.	___	___	___	___
9.	___	___	___	___
10.	___	___	___	___

1.9 Задáние 7. Что э́то?

Some words in Russian are always plural. Complete each word below by filling in the final blank with either **-ы** or **-и**. Then match the picture to the corresponding word.

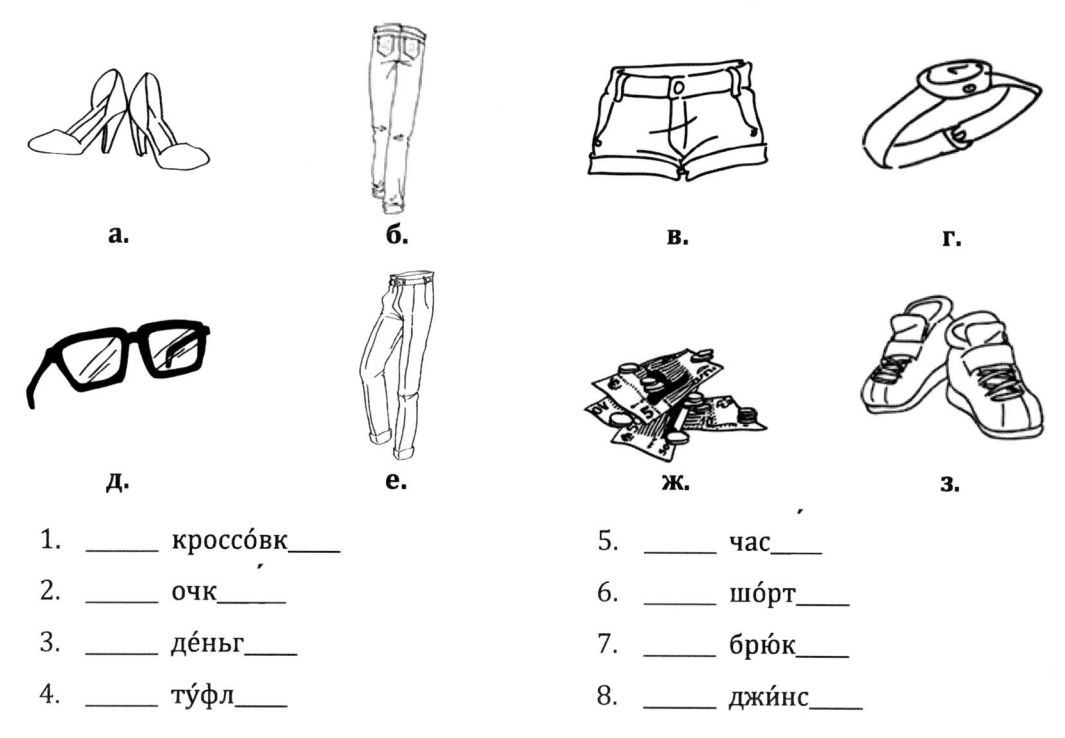

а. б. в. г.

д. е. ж. з.

1. _____ кроссóвк_____
2. _____ очк_____
3. _____ дéньг_____
4. _____ тýфл_____
5. _____ час_____
6. _____ шóрт_____
7. _____ брю́к_____
8. _____ джи́нс_____

Между нами: Рабóта в аудитóрии   Урóк 1: часть 3

1.9 Задание 8. Какая форма?

Each picture contains one or more objects. Choose the appropriate final letter from the set of **-ы**, **-и**, **-а**, **-я**, and **-ь** to describe the item(s) depicted. If no final letter is needed, write in the zero ending, **ø**.

	-ы -и -а -я -ь ø	Hints about the Ending
	шапк_ы_	Remember that **к** is affected by the 7-letter spelling rule.
	шарф_ы_	Remember that the final consonant **ф** is hard.
	рюкзак_и_	Remember that **к** is affected by the 7-letter spelling rule
	словар_и_	Remember that the final consonant **р** is soft; choose **ь** or "bottom row" vowel to keep it soft.
	карандаш_и_	Remember that **ш** is affected by the 7-letter spelling rule
	ламп_ы_	Remember that the final consonant **п** is hard.
	газет_ы_	Remember that the final consonant **т** is hard.
	кроват_и_	Remember that the final consonant **т** is soft; choose a **ь** or "bottom row" vowel to keep it soft.

1.9 Задáние 9. Ситуáции

Cover up answer key on the far right and fill in the blanks with the appropriate pronouns based on the context provided. Once you have filled in all the blanks, check your answers against the key.

	КЛЮЧ (KEY)
1. *An absent-minded child asks his mom for help finding his things.* — Мáма, где _____ кнúги? — Не знáю. Это ведь (after all) не мой кнúги, а _____.	мой твой
2. *Two students see an older person in the hall.* — Это наш профéссор? Как _____ зовýт? — _____ зовýт Нúна Антóновна.	её её
3. *Katya sees a friend; Katya's siblings are not with her at the moment.* — Кáтя, привéт! Как у _____ делá? — Ничегó, нормáльно. А у _____? — Неплóхо. Где _____ брат и сестрá? — _____ дóма.	тебя тебя твой онú
4. *Alyosha's girlfriend wants to borrow his laptop.* — Алёша, где _____ ноутбýк? — _____ дóма.	твой он
5. *Two students see a third person.* — Кто это? — Это студéнтка. _____ зовýт Áня. _____ рýсская.	её онá
6. *Two siblings are fighting over toys.* — Это не _____ Вúнни-Пух, а _____!!	твой мой

BONUS!

7. *Laura's new Russian host family is looking at a photo of her parents taken in front of the house where she lives in the United States. You can see the family car.*
Note that there is more than one way to complete this conversation. Be ready to act out your version for the class.

— Лóра, кто это? Это _____ мáма?

— Да. И _____ пáпа.

— Понятно. А это _____ машúна (car)?

— Нет, не _____, а _____.

Между нами: Рабóта в аудитóрии

Урóк 1: часть 3

1.9 ЗАДА́НИЕ 10. ЧЕЙ? ЧЬЯ? ЧЬЁ? ЧЬИ?

Before they left the airport, Natalya Mikhailovna and the students wanted to make sure nothing got left behind. Here are some questions they asked one another. Complete each question by circling the item about which the person must be asking. Then choose the matching illustration from those below and write in the corresponding letter in the blank provided. There are extra pictures.

1. Ама́нда:
   Ке́йти, э́то твой..?   ша́пка   слова́рь   очки́   ____

2. Ната́лья Миха́йловна:
   Джош, э́то ва́ша..?   газе́та   тетра́ди   каранда́ш   ____

3. Дени́с:
   Чьи э́то..?   де́ньги   газе́та   рюкза́к   ____

4. То́ни:
   Ама́нда, э́то твой..? очки́   ру́чка   ноутбу́к   ____

5. Ната́лья Миха́йловна:
   То́ни, э́то ваш..?   чемода́н   очки́   пальто́   ____

6. Ке́йтлин:
   Чья э́то..?   тетра́ди   каранда́ш   ру́чка   ____

а.   б.   в.   г.   д.

е.   ж.   з.   и.   к.

л.   м.   н.   о.   п.

48   Уро́к 1: часть 3   *Между нами*: Рабо́та в аудито́рии

1.9 Зада́ние 11. Диало́ги

Read the situations below with a partner and fill in the blanks with appropriate elements from the word bank. Read your mini-dialogues aloud as you finish them. You may not need to use all the elements and you may use an element more than once.

Ке́йтлин	мой	твоё
Ама́нда	моя́	твой
Дени́с	моё	ваш
То́ни	мой	ва́ша
Джош	твой	ва́ши
Ната́лья Миха́йловна	твоя́	

а. *Natalya Mikhailovna sees a suitcase…*

— _____, э́то _____ чемода́н?
— Нет, не _____.

б. *Amanda sees a hat on the hotel room floor…*

— _____, э́то _____ ша́пка?
— Да, _____.

в. *Tony sees a set of keys left on the hotel registration desk…*

— _____, э́то _____ ключи́?
— Да, _____.

г. *Denis sees a pen on the floor…*

— _____, э́то _____ ру́чка?
— Нет, не _____.

д. *Caitlin opens the hotel wardrobe…*

— _____, э́то _____ пла́тье?
— Да, _____.

е. *Denis has lost track of whose passport he has…*

— _____, э́то _____ па́спорт?
— Да, _____.

Между нами: Рабо́та в аудито́рии

🎧 1.10 Задáние 1. Мобильный телефóн

The following phone numbers were written down quickly and some of the numbers are illegible. Listen to each number and fill in what is missing. These are landline numbers in Petersburg, so **they all begin with the area code 812; you will hear only the seven digits** following the area code. Here is an example of how phone and fax numbers might be listed:

Тел.: (812) 386-76-37, факс: (812) 386-76-39

а. (812) 4 ___ 6 − 2 ___ − 35

б. (812) 3 ___ 1 − 50 − ___ 1

в. (812) ___ 72 − 63 − 2 ___

🎧 1.10 Задáние 2. Задáчи по арифмéтике (Math Problems)

You are staying with some Russian friends, who have a small child. The child decides to quiz you on math problems she is doing in school. Listen to the problems and write in the correct answer (in digits not words).

1. ___   2. ___   3. ___   4. ___

5. ___   6. ___   7. ___

🎧 1.10 Задáние 3. Вопрóсы (Questions) и интонáция

Listen to the following questions and fill in the blanks with the question words that you hear. Then answer the questions to the best of your ability.

Вопрóсы	Вáши отвéты
1. _____ вас зовýт?	_____
2. _____ у вас делá?	_____
3. _____ вы?	_____
4. _____ вáша рýчка?	_____
5. _____ ваш телефóн?	_____

Now practice asking and answering these questions with a partner. When time is called, you will need to "interview" your teacher. Write down the answers that you hear.

Отвéты

а. _____   г. _____

б. _____   д. _____

в. _____

Image Information

1.5 Зада́ние 3. Где? Здесь и́ли там?
1. "Basket, buy, cart, ecommerce, online, purse…" by Christian Bogdan Rosu is licensed for free commercial use. https://www.iconfinder.com/icons/353439/basket_buy_cart_ecommerce_online_purse_shop_shopping_icon. Last accessed 5/16/16.
2. All other images (Baggage Claim, Toilets, Coffee Shop, Rail Transportation) by the American Institute of Graphic Arts are licensed for unrestricted use. http://www.aiga.org/symbol-signs/. Last accessed 5/16/16.

1.5 Зада́ние 4. Меню́
1. "Pizza slice" by Renee Comet is in the public domain. https://commons.wikimedia.org/wiki/File:Pizza_slice_(1).jpg. Last accessed 5/16/16.
2. "Cup of coffee with cream isolated on white" © Serhiy Shullye | Dreamstime.com. http://www.dreamstime.com/royalty-free-stock-photo-cup-coffee-cream-isolated-white-background-image33090195. Last accessed 5/16/16.
3. "Beer, mug, glass" is in the public domain. https://pixabay.com/en/beer-mug-glass-298268/. Last accessed 5/16/16.
4. "Bowl with borshch, Russian soup, isolated" © Ushama | Dreamstime.com. http://www.dreamstime.com/royalty-free-stock-photos-bowl-borshch-russian-soup-isolated-image5073218. Last accessed 5/16/16.
5. Russian cabbage soup" © Roman Korytov | Dreamstime.com. http://www.dreamstime.com/stock-image-russian-cabbage-soup-isolated-white-background-image35566321. Last accessed 5/16/16.
6. "PBJ" by Renee Comet is in the public domain. http://commons.wikimedia.org/wiki/File:PBJ.jpg. Last accessed 5/16/16.
7. "Cesar salad" © Juan Carlos De La Calle Velez | Dreamstime.com. http://www.dreamstime.com/royalty-free-stock-photography-cesar-salad-image16404077. Last accessed 5/16/16.
8. "McDonald's Double Cheeseburger (1)" by Evan-Amos is licensed under CC BY-SA 3.0. http://commons.wikimedia.org/wiki/File:McDonald%27s_Double_Cheeseburger_%281%29.jpg?fastcci_from=740292. Last accessed 5/16/16.
9. "Food raspberry lemonade beverage" is in the public domain. https://pixabay.com/en/food-raspberry-lemonade-beverage-50938/.
10. "Tea with lemon" © Yury Shirokov | Dreamstime.com. http://www.dreamstime.com/stock-image-tea-lemon-image1659031. Last accessed 5/16/16.
11. "Milk – olly claxton" by Pingpongwill is licensed under CC BY-SA 3.0. http://commons.wikimedia.org/wiki/File:Milk_-_olly_claxton.jpg. Last accessed 5/16/16.
12. "Coca-cola 50cl white-bg" by Christian Gidlöf. Licensed under Public Domain via Wikimedia Commons. https://commons.wikimedia.org/wiki/File:Coca-cola_50cl_white-bg.jpg#/media/File:Coca-cola_50cl_white-bg.jpg. Last accessed 5/16/16.
13. "Hydration bottle" by Rubbermaid products is licensed under CC BY 2.0. https://www.flickr.com/photos/rubbermaid/6813883644. Last accessed 5/16/16.

1.5 Зада́ние 5. Ситуа́ции
1. "Cesar salad" © Juan Carlos De La Calle Velez | Dreamstime.com. http://www.dreamstime.com/royalty-free-stock-photography-cesar-salad-image16404077. Last accessed 5/16/16.
2. "PBJ" by Renee Comet is in the public domain. http://commons.wikimedia.org/wiki/File:PBJ.jpg. Last accessed 5/16/16.
3. "Cup of coffee with cream isolated on white" © Serhiy Shullye | Dreamstime.com. http://www.dreamstime.com/royalty-free-stock-photo-cup-coffee-cream-isolated-white-background-image33090195. Last accessed 5/16/16.

Ме́жду на́ми: Рабо́та в аудито́рии

4. Russian cabbage soup" © Roman Korytov | Dreamstime.com. http://www.dreamstime.com/stock-image-russian-cabbage-soup-isolated-white-background-image35566321. Last accessed 5/16/16.
5. "McDonald's Double Cheeseburger (1)" by Evan-Amos is licensed under CC BY-SA 3.0. http://commons.wikimedia.org/wiki/File:McDonald%27s_Double_Cheeseburger_%281%29.jpg?fastcci_from=740292. Last accessed 5/16/16.
6. "Beer, mug, glass" is in the public domain. https://pixabay.com/en/beer-mug-glass-298268/. Last accessed 5/16/16.
7. "Bowl with borshch, Russian soup, isolated" © Ushama | Dreamstime.com. http://www.dreamstime.com/royalty-free-stock-photos-bowl-borshch-russian-soup-isolated-image5073218. Last accessed 5/16/16.
8. "Tea with lemon" © Yury Shirokov | Dreamstime.com. http://www.dreamstime.com/stock-image-tea-lemon-image1659031. Last accessed 5/16/16.

1.7 Зада́ние 7. Что э́то тако́е? Кто э́то тако́й?
1. "The Cathedral of Christ the Savior (2298183791)" by Nickolas Titkov is licensed under CC BY-SA 2.0. http://commons.wikimedia.org/wiki/File:The_Cathedral_of_Christ_the_Savior_%282298183791%29.jpg. Last accessed 5/16/16.
2. "Alexander Blok" is in the public domain. http://commons.wikimedia.org/wiki/File:Alexander_Blok.jpeg. Last accessed 5/16/16.
3. "Irina Hakamada" by Valerij Ledenev is licensed under CC BY-SA 2.0. https://www.flickr.com/photos/valerijledenev/6037899479. Last accessed 5/16/16.
4. "チェブラーシカ" by Kentaro Ohno is licensed under CC BY 2.0. https://www.flickr.com/photos/inucara/9487218296. Last accessed 6/3/16.
5. "Краси́вая соба́ка" by Ко́ля Са́ныч is licensed under CC BY ND 2.0. https://www.flickr.com/photos/kolia-fotki/15439684335. Last accessed 5/16/16.
6. "Mikhail Prokhorov IF 09-2013" by A. Savin is licensed under CC BY-SA 30. http://commons.wikimedia.org/wiki/File:Mikhail_Prokhorov_IF_09-2013.jpg. Last accessed 5/16/16.

Урок 2: часть 1

For Reference

In this unit you will work extensively with vocabulary dealing with family members. Denis Gurin's family tree, which can also be found on the website, is given below for your reference as you do the activities for episode 2.1.

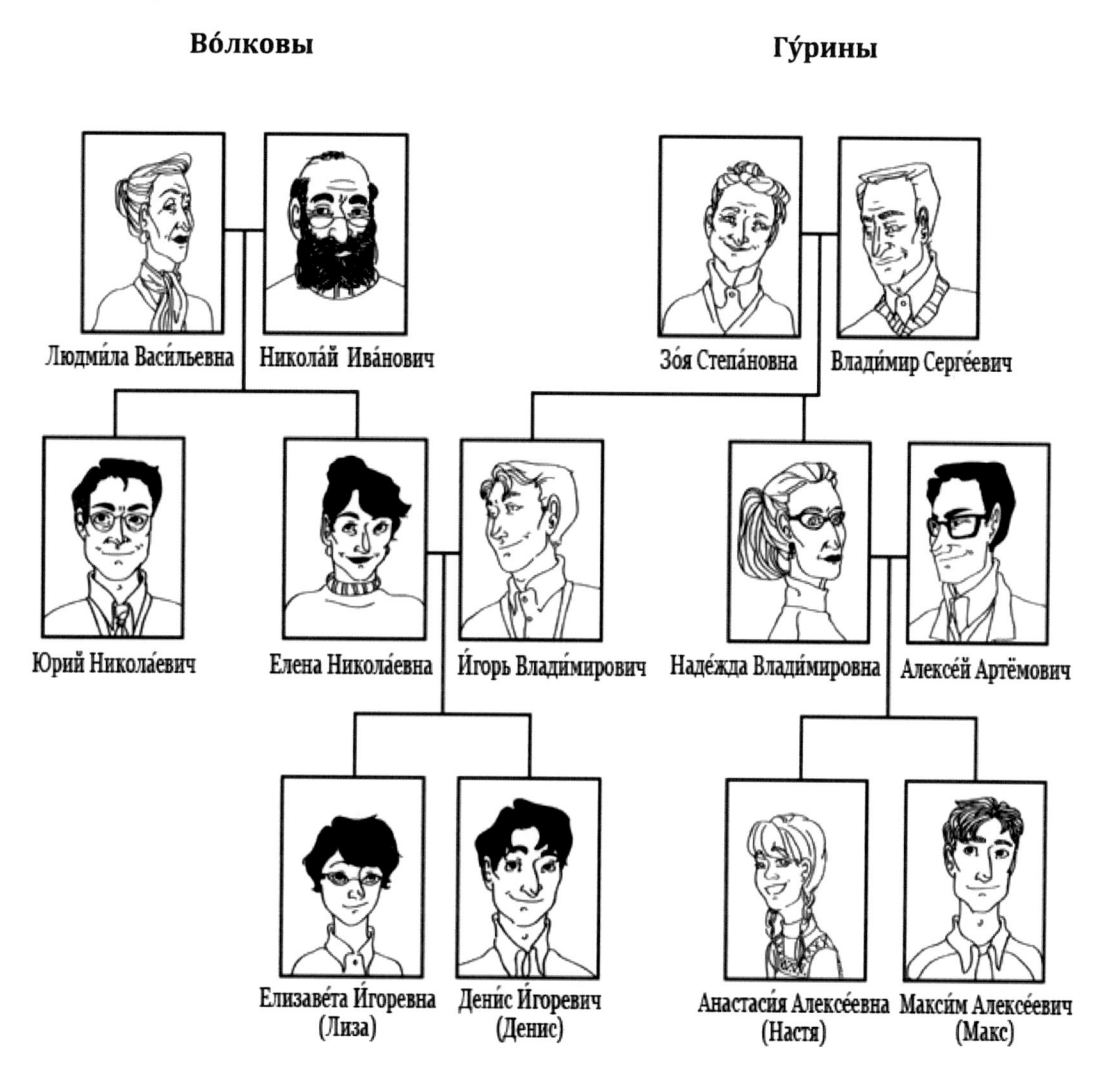

Волковы

Гурины

Людмила Васильевна — Николай Иванович

Зоя Степановна — Владимир Сергеевич

Юрий Николаевич

Елена Николаевна — Игорь Владимирович

Надежда Владимировна — Алексей Артёмович

Елизавета Игоревна (Лиза)

Денис Игоревич (Денис)

Анастасия Алексеевна (Настя)

Максим Алексеевич (Макс)

🎧 2.1 Задáние 1. Vocabulary Matching

а. As you listen to your instructor's presentation of the first part of the text, match each word on the left with its English equivalent on the right.

1. __г__ семья́   а. brother
2. __е__ роди́тели   б. father
3. __в__ мать   в. mother
4. __б__ оте́ц   г. family
5. __а__ брат   д. sister
6. __д__ сестра́   е. parents

б. As you listen to the second part of the text, match each word on the left with its English equivalent on the right.

1. __ж__ дя́дя   а. male cousin
2. __д__ тётя   б. wife
3. __з__ муж   в. daughter
4. __б__ жена́   г. children
5. __и__ сын   д. aunt
6. __в__ дочь   е. female cousin
7. __г__ де́ти   ж. uncle
8. __а__ двою́родный брат   з. husband
9. __е__ двою́родная сестра́ и. son

в. As you listen to the third part of the text, match each word on the left with its English equivalent on the right.

1. __б__ ба́бушка   а. dog
2. __г__ де́душка   б. grandmother
3. __е__ внук   в. cat
4. __д__ вну́чка   г. grandfather
5. __а__ соба́ка   д. granddaughter
6. __в__ ко́шка   е. grandson

🎧 2.1 Задáние 2. Вы пóняли словá?

Кто э́то? You will hear a number of sentences spoken by people pictured on Denis' family tree. Write the number of the sentence next to the word that finishes it. There are two extra words.

№	Кто?
____	сестрá
____	брат
____	дя́дя
____	дочь
____	отéц
____	сын
____	тётя
____	дéдушка
____	дéти
____	роди́тели

2.1 Задáние 3. «Кто я?» (Who Am I?)

You will receive a card with a picture of someone from Denis' family tree. Pretend that you are that person and see if you can get your partner to guess who you are by describing your relationship to other people in the family tree. For example, if you get a card with Denis on it, you might point to Zoya Stepanovna and say: "**Э́то моя́ бáбушка**," or to Liza and say, "**Э́то моя́ сестрá**."

Do not say the name or otherwise indicate the person you are pretending to be. Point to a person (or people) on the family tree and use these sentences below as a model for your hints:

- Э́то мой _____.
- Э́то моя́ _____.
- Э́то мои́ _____.

Give at least three hints before you ask: **Кто я**?

Между нами: Рабóта в аудитóрии

2.1 Задание 4. Какая фотография?

Polina is describing this collection of family photos. Match each caption to the appropriate photo.

____ 1. Здесь я. Меня зовут Полина.

____ 2. Здесь я и родители.

____ 3. Здесь я и сестра.

____ 4. Здесь мой родители.

____ 5. Здесь мой бабушки.

____ 6. Здесь бабушка и её сын, мой отец.

____ 7. Здесь мать и её дочь — моя сестра.

____ 8. Здесь я и мой муж.

____ 9. Здесь наша кошка.

2.1 Задáние 5. Кто э́то говори́т? (Who Is Saying This?)

In the pictures below, we see Vladimir Yefimovich twice, once with his parents and then again with his own family. He is labeled with the letter **б** in both pictures. Read the sentences below aloud and fill in the letter of the person to whom the sentence refers and the letter of the speaker. The first one has been done for you as an example.

a.   б.   в.   б.   г.   д.   е.

person / people referred to		speaker(s)
_a_	Э́то мой оте́ц Ефи́м Никола́евич.	_б_
___	Э́то на́ша ба́бушка Мари́я Ива́новна.	___
___	Э́то мой муж Влади́мир.	___
___	Э́то моя́ жена́ Людми́ла.	___
___	Э́то моя́ мла́дшая сестра́ Ка́тя.	___
___	Э́то мой де́душка.	___
___	Э́то на́ши до́чери.	___
___	Э́то на́ша мать, её зову́т Людми́ла.	___

2.1 Задáние 6. Именá: уменьши́тельные фо́рмы (First Names: Nicknames)

Most Russian first names have nickname forms that are used by parents, schoolmates, spouses and close friends. Nicknames cannot be combined with patronymics. On the left are nickname forms for members of Vladimir Yefimovich's family. Match each nickname to its full name. Two of the names have two possible nicknames.

1. ___ Ма́ша
2. ___ Воло́дя
3. ___ Лю́да
4. ___ Ка́тя
5. ___ Во́ва
6. ___ Ми́ла

а. Екатери́на
б. Влади́мир
в. Мари́я
г. Людми́ла

2.1 Задание 7. Имена

Below are the nicknames for members of Denis's family.

a. Match each nickname to its owner by writing the number next to the appropriate picture. One has been done for you.

1. ~~Алёша~~
2. Лёна
3. Володя
4. Настя
5. Коля
6. Лиза
7. Игорёк
8. Юра
9. Надя
10. Люда

Family tree:

- Людмила Васильевна — Николай Иванович
- Зоя Степановна — Владимир Сергеевич
- Юрий Николаевич
- Елена Николаевна
- Игорь Владимирович
- Надежда Владимировна
- Алексей Артёмович — 1
- Елизавета Игоревна
- Денис Игоревич
- Анастасия Алексеевна
- Максим Алексеевич

б. For each person you labeled, be prepared to name one person in the family tree who would likely call that person by his/her nickname.

58   Урок 2: часть 1   *Между нами:* Работа в аудитории

2.1 Зада́ние 8. Семья́ То́ни

Here is a photo of Tony's family. Read the sentences below with a partner, filling in the relationships to indicate who the people are. Fill in singular or plural nouns as appropriate.

То́ни   Изабе́ль   Тома́с   Са́ндра   Дие́го   Хосе́

1. Э́то Дие́го, а То́ни — его́ двою́родный ~~брат~~.
2. Э́то То́ни, а Изабе́ль и Са́ндра — его́ ~~сёстры~~.
3. Э́то Изабе́ль, а То́ни, Тома́с и Хосе́ — её ~~бра́тья~~.
4. Э́то Хосе́, а Дие́го — его́ двою́родный ~~брат~~.
5. Э́то Дие́го, а Изабе́ль и Са́ндра — его́ двою́родные ~~сёстры~~.
6. Э́то Са́ндра, а То́ни и Хосе́ — её ~~бра́та~~.
7. Э́то Тома́с, а Са́ндра и Хосе́ — его́ ~~брат сестра́~~.
8. Э́то Дие́го, а Изабе́ль — его́ двою́родная _____.

2.1 Задáние 9. Какóе слóво нýжно вписáть (write in)?

Work with a partner to fill in the missing singular and plural forms of each family relationship. Read the words aloud as you write them.

брат	_____		дя́дя	_____
_____	сёстры		_____	тёти
мать	_____		бáбушка	_____
отéц	_____		_____	дéдушки
_____	сыновья́		муж	_____
дочь	_____		_____	жёны

2.2 Задáние 1. Тóни éдет в Ярослáвль

Match each description to the appropriate person by writing in the corresponding letter. Note that some of the people will match more than one description.

1. _З_ is named Diego.
2. _З_ is a soccer player.
3. _З_ has a very large family.
4. ____ is an artist.
5. ____ has only one sibling.
6. ____ is named Yurii.
7. ____ is named Elizabeth.
8. ____ has one brother.
9. ____ has a relative in Yaroslavl'.
10. ____ will be hosting a student.

а. Denis's uncle
б. Nastya
в. Denis
г. Denis' grandmother
д. Tony
е. Max
ж. Denis's sister
з. Tony's cousin

2.2 ЗАДА́НИЕ 2. КАКО́Й? (WHAT KIND?) NEW ADJECTIVES

In the text for this episode, you encountered a number of new adjectives. Review the text to find these words, and write in the correct equivalents from the word bank. Say the words aloud as you write them in the blanks.

ста́рший	ма́ленький	до́брый
мла́дший	краси́вый	хоро́ший
	большо́й	

1. good: _____
2. small: _____
3. younger: _____
4. large: _____
5. kind: _____
6. older: _____
7. beautiful: _____

2.2 ЗАДА́НИЕ 3. СОСТА́ВЬТЕ ПРЕДЛОЖЕ́НИЯ (PUT TOGETHER SENTENCES)

Work with a partner to connect each subject on the left with an adjective and a noun so that the resulting sentence corresponds to information from this episode. Read your sentences aloud as you create them.

кто? / что? (noun)	(is)	како́й? (adjective)	кто? / что? (noun)
Ли́за	—	моя́ ста́ршая	хозя́йка
Яросла́вль		до́брый	роди́тели
дя́дя Ю́ра		о́чень краси́вое	брат
Са́ндра		твоя́ но́вая	го́род
Дие́го		мой двою́родный	и́мя
Моя́ ба́бушка		не о́чень ма́ленький	сестра́
			челове́к

Между нами: Рабо́та в аудито́рии

2.2 Задáние 4. Кто э́то?

Read each sentence aloud and indicate which family the sentence must be about by placing a check mark in the appropriate column. Some sentences may refer to both families.

Гу́рины (Дени́с)		Мора́лесы (То́ни)
____	Э́то мой двою́родный брат Дие́го.	____
____	Э́то моя́ мла́дшая сестра́. Она́ шко́льница.	____
____	Э́то мой мла́дший брат.	____
____	Э́то двою́родный брат. Он спортсме́н, игра́ет в футбо́л.	____
____	Э́то мои́ бра́тья и сёстры.	____
____	Э́то мои́ дя́ди и тёти.	____

2.2 Задáние 5. Э́то моя́ семья́

Below is a family picture with the children arranged in order of age. Write the appropriate letter in the blank to indicate the person from whose perspective the relationship is being described. One of the descriptions will not work for any of the people.

а.   **б.**   **в.**   **г.**   **д.**

1. ____ Э́то мой ста́рший брат, э́то мой мла́дший брат а э́то мои́ мла́дшие сёстры.
2. ____ Э́то мои́ ста́ршие бра́тья, а э́то мои́ ста́ршие сёстры.
3. ____ Э́то моя́ ста́ршая сестра́, а э́то мои́ мла́дшие бра́тья.
4. ____ Э́то мои́ ста́ршие бра́тья, э́то моя́ ста́ршая сестра́, а э́то моя́ мла́дшая сестра́.
5. ____ Э́то мои́ мла́дшие сёстры, а э́то мой мла́дший брат.
6. ____ Э́то мой ста́рший брат, э́то моя́ ста́ршая сестра́, а э́то мои́ мла́дшие сёстры.

2.2 Задáние 6. Сою́зы (Conjunctions): и, а, но

a. Fill in the blanks in the left column to match each picture to the sentence that best captions it.

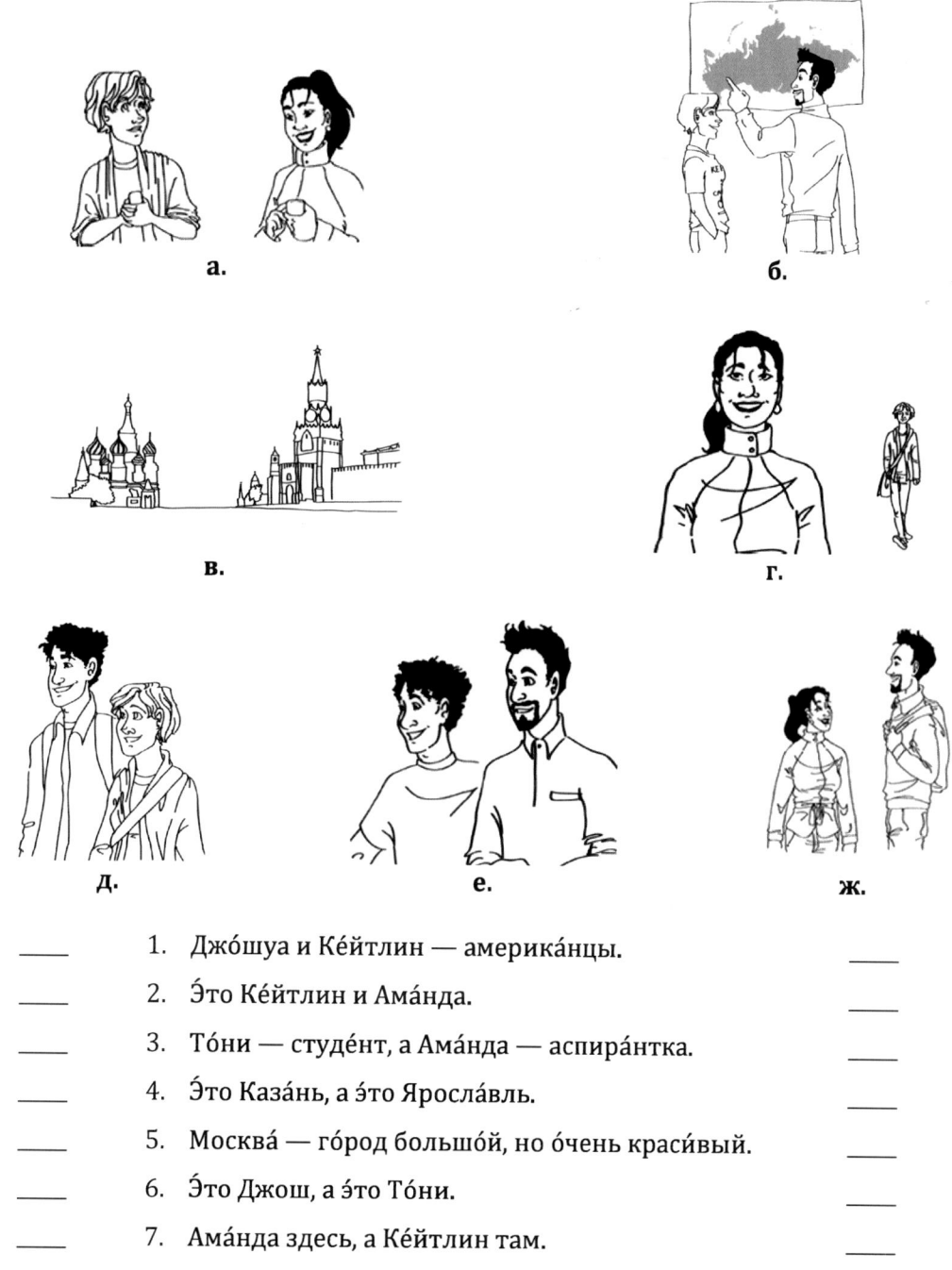

а.

б.

в.

г.

д.

е.

ж.

____ 1. Джóшуа и Кéйтлин — америкáнцы. ____

____ 2. Э́то Кéйтлин и Амáнда. ____

____ 3. Тóни — студéнт, а Амáнда — аспирáнтка. ____

____ 4. Э́то Казáнь, а э́то Ярослáвль. ____

____ 5. Москвá — гóрод большóй, но óчень красúвый. ____

____ 6. Э́то Джош, а э́то Тóни. ____

____ 7. Амáнда здесь, а Кéйтлин там. ____

б. Now go back to the sentences in the previous activity and code them according to how the conjunction is used: **A** = addition; **C** = contrast; **CD** = contradiction. Mark your coding in the right-hand column.

Между нами: Рабóта в аудитóрии   Урóк 2: часть 1   63

2.2 Задáние 7. Закóнчите предложéния (Finish the Sentences)

Work with a partner to finish each sentence so that it corresponds to what we know about the characters. Read your sentences aloud.

1. Тóни и Амáнда — _____.
2. Тóни — _____, а _____.
3. Натáлья Михáйловна — рýсская, а _____.
4. Джóш и Кéйти — _____.
5. Денúс и Джош — _____.
6. Кéйтлин _____, а _____.

2.2 Задáние 8. Расскажúте о семьé

a. Work with a partner to read the dialog below. Based on what you learn, fill in the chart to indicate the name of the person and his/her relationship to the speaker.

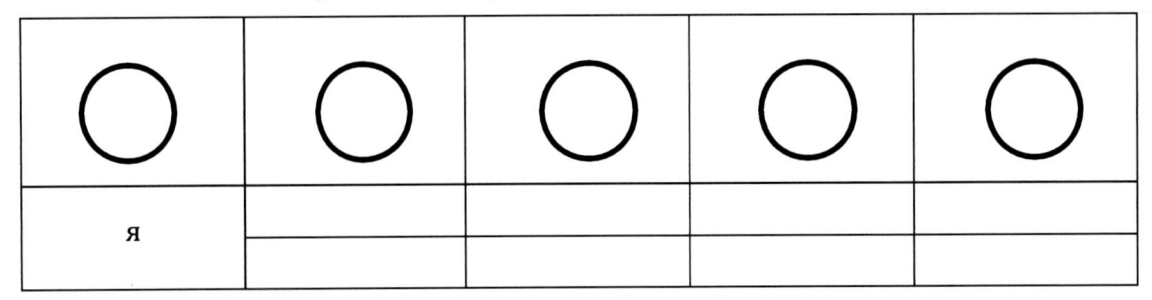

○	○	○	○	○
я				

— Э́то я, а э́то мой отéц.

   — Отéц? Как егó зовýт?

— Егó зовýт Рóберт.

   — Поня́тно.

— Э́то Рóберт, а э́то егó женá, моя́ мать.

   — А как её зовýт?

— Её зовýт Глóрия.

   — Поня́тно. Твоú родúтели – Рóберт и Глóрия.

— А э́то их сын, мой брат. Егó зовýт Джон.

   — А кто э́то? Э́то твоя́ тётя?

— Нет, э́то нáша бáбушка. Её зовýт Кристúн.

   — Э́то егó мать [pointing at Robert], úли [pointing at Gloria] её мать?

— Э́то егó мать.

6. Now you will have a chance to talk about your own family using the dialog above as a model. In the box below, draw circles representing the family members you will describe (try to put in at least five). Do not write down any other information. This drawing is intended as a visual guide for you to use while describing your family.

Describe your family to your partner using as much vocabulary as you can. It is fine to repeat information and to point to your circles to clarify the person about whom you are talking.

Это моя семья

As you listen to your partner, remember that you may ask questions like, "**Как его / её / их зовут?**" to get additional information. Record what you find out below in English:

Notes about my partner's family:

Между нами: Работа в аудитории   Урок 2: часть 1   65

2.2 ЗАДА́НИЕ 9. КТО э́то?

a. These are Russians that our students have met or will soon be meeting. Match the pictures to the names by writing the appropriate letter in the blanks. There is one extra name.

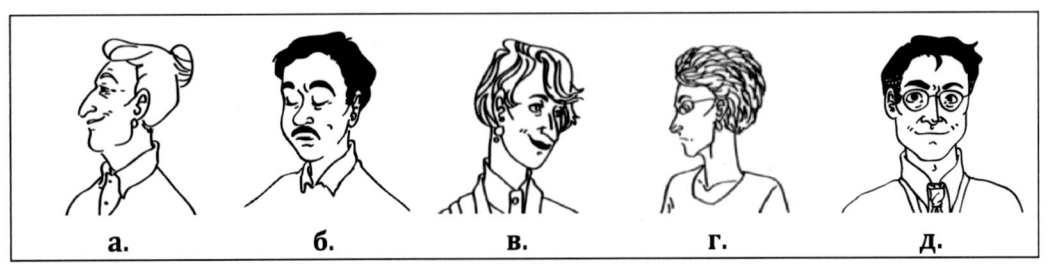

а. б. в. г. д.

___ Мара́т Аза́тович   ___ Ри́мма Ю́рьевна

_в_ Ната́лья Миха́йловна   ___ Светла́на Бори́совна

___ Ю́рий Никола́евич   ___ Зо́я Степа́новна

б. Now look at the pictures below. Each one can be connected in some way to one or more of the pictures above. See if you can make the connection. Create sentences using this model:

Э́то _____. _____ — его́ / её _____.
     [person given]   [person above]   [relationship]

0.  Э́то Ама́нда Ли. Ро́берт Ли — её оте́ц.

1. _____

2. _____

3. _____

66   Уро́к 2: часть 1   *Ме́жду на́ми*: Рабо́та в аудито́рии

🎧 2.3 Задáние 1. 12 или 21?

You will hear one number from the pair below. Circle the one that you hear.

1.	21	12	6.	8	18
2.	31	13	7.	10	20
3.	9	19	8.	17	16
4.	24	40	9.	29	19
5.	35	15	10.	12	19

🎧 2.3 Задáние 2. Какóй у меня áдрес?

Listen to information about the three host families with whom our undergraduate students will live. As you listen to the information, fill in the blanks for the house and apartment numbers as well as for the phone numbers.

1. *Где живёт Тóни?*

    Гýрина Зóя Степáновна
    Ярослáвль
    Первомáйская ýлица, дом ____ квартира ____
    тел. +7 (485) __9__ - __23__ - ____
    моб. +7 (485) __45__ - __34__ - __6__

2. *А где живёт Кéйтлин?*

    Абдýлова Рúмма Юрьевна
    Казáнь
    ýлица Калúнина, дом ____ квартира ____
    тел. +7 (843) __34__ - ____ - __33 4__
    моб. +7 (916) ____ - ____ - __16__

3. *А где живёт Джош?*

    Черны́х Светлáна Борúсовна
    Иркýтск
    Академúческая ýлица, дом ____ , квартира ____
    тел. +7 (3952) __31__ - __35__ - __16__
    моб. +7 (3952) ____ - __14__ - __21__

… 2.3 Задáние 3. Кто они́ по национáльности?

As you watch and listen to the following presentation, complete the nationalities chart below. Note that some of the letters in each word have been given to you.

он	онá	они́	по-англи́йски?
америкáн___ ___	америкáн___ ___	америкáн___ ___	American
канáд___ ___	канáдка	канáдцы	
мексикáнец	мексикáн___ ___	мексикáнцы	Mexican
китá___ ___	китáянка	китáй___ ___	
япóн___ ___	япóнка	япóн___ ___	Japanese
англичáн___ ___	англичáн___ ___	англичáн___	
францý___	францýженка	францýзы	
ирлáндец	ирлáнд___ ___	ирлáнд___ ___	
итальян___ ___	итальянка	итальян___ ___	Italian
испáн___ ___	испáнка	испáнцы	
нéмец	нéм___ ___	нéмцы	
татáрин	татáрка	татáры	Tatar
росси́___ ___ ___ ___	россия́нка	россия́н___	citizen of the RF
рýсск___ ___	рýсск___ ___	рýсские	ethnic Russian

Using this information, can you fill in the few blank endings that remain?

2.3 Задáние 4. Кто э́то такóй?

One of your Russian friends sees pictures from our story and wants to know a bit about the characters. You do not know a lot about them at this point, but you do know enough to give answers to the following questions:

- Как его́/её/их зову́т?
- Кто он/она́ по национа́льности?
- Кто он/она́ по профе́ссии?

If there are any family relationships, you could describe those as well: Э́то _____, а э́то его́ / её / их _____.

Work with a partner to say as much as you can about each of the pictures below. Be prepared to share your answers with the class.

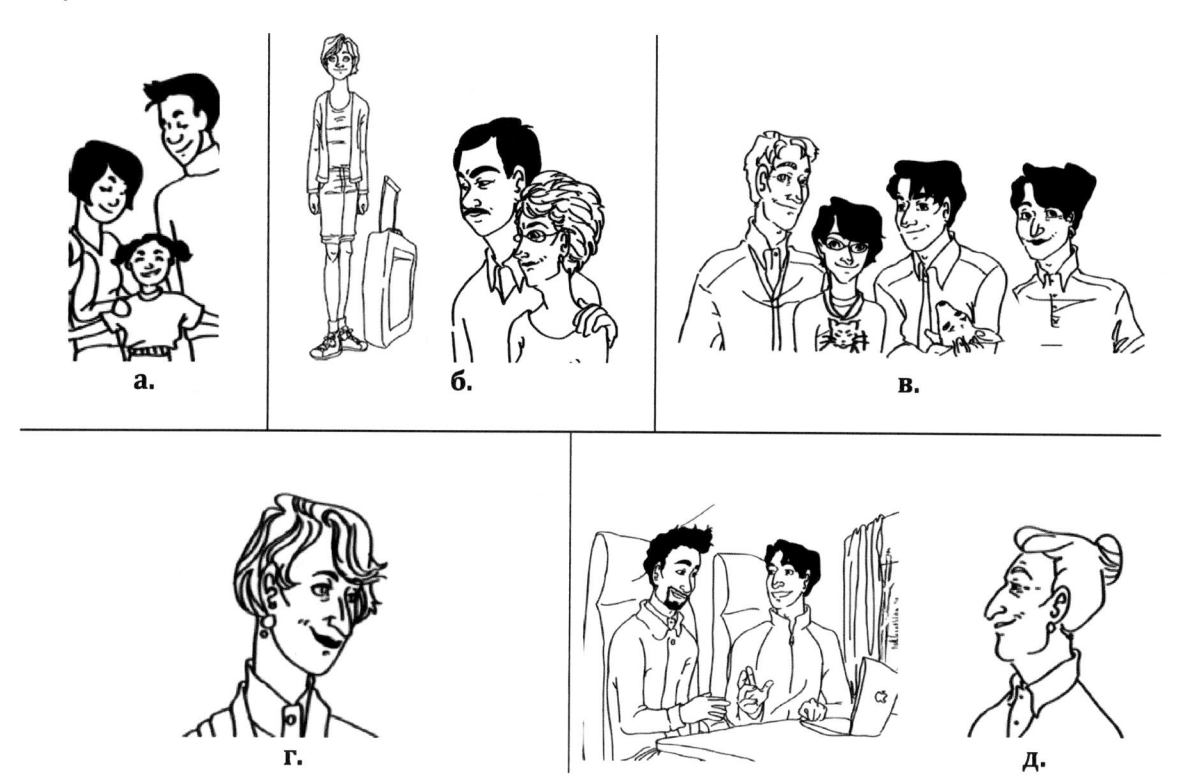

а.

б.

в.

г.

д.

Ме́жду на́ми: Рабо́та в аудито́рии

Уро́к 2: часть 1

69

ТаМи

саНии Птетерзеиz

Улица Пиеk

Улица калининига

Академига олиnЗа

11 12 29

Урок 2: часть 2

🎧 2.4 Задáние 1. Что э́то? Вы знáете нóвые словá?

Place a check mark under the picture that best matches the sentence that you hear.

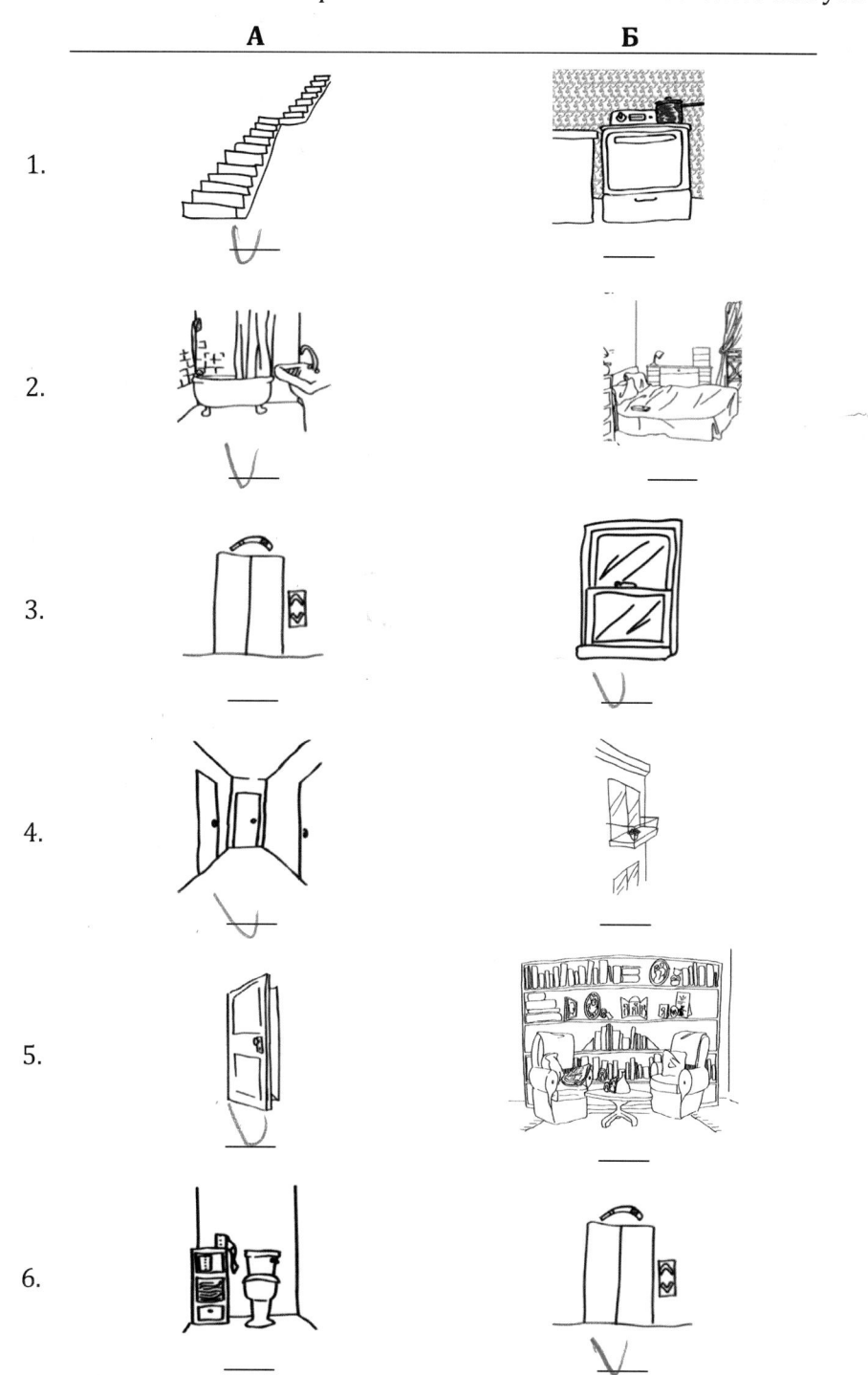

	А	**Б**
1.	✓	
2.	✓	
3.		✓
4.	✓	
5.		
6.		✓

Между нами: Рабóта в аудитóрии

2.4 Задание 2. Это моя новая комната

a. Below are some features that you might encounter during a search for a furnished room in an apartment. Listen as your teacher reads the list, and indicate your most important **плюсы (+)** and **минусы (-)** by placing the appropriate symbol in the far left column. Choose at least two positives and two negatives.

Мои плюсы и минусы:	(имя) его/её плюсы и минусы	(имя) его/её плюсы и минусы
____ Кровать новая, но она маленькая.	+	____
____ Кровать старая, но она большая.	−	____
____ Лифт старый и не очень красивый.	+	____
____ Лифт новый, но он очень маленький.	−	____
____ Кухня новая, но она маленькая.	+	____
____ Кухня старая и маленькая.	+	____
____ Окно большое.	−	____
____ Окно маленькое.	−	____
____ Спальня большая.	+	____
____ Кресло очень старое.	+	____
____ Пол старый.	−	____
____ Стол маленький.	+	____
____ Ванная старая и маленькая.	−	____
____ Туалет маленький, но новый.	+	____
____ Туалет старый, но большой.	−	____

б. Now work with a partner or in a group and read your choices aloud. Follow this model:

Это плюсы — [insert your three "plus" phrases here].

А это минусы — [insert your three "minus" phrases here].

Write the name(s) of your partner(s) at the top of the columns on the right. As the person reads, mark their responses in the appropriate column.

в. Be ready to share any answers on which you agree with the class. Follow this model:

По-нашему (in our opinion), [insert phrase here] — это большой плюс.

По-нашему (in our opinion), [insert phrase here] — это большой минус.

2.4 Задáние 3. Вы знáете нóвые словá?

Fill in the missing letters to complete the words. Then write the letter of the appropriate picture in the parentheses following the word. There is one extra picture.

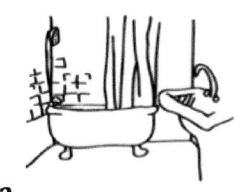

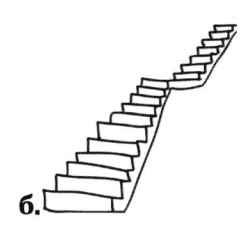

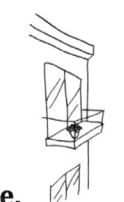

Letter Bank				
а	б	е	к	н
п	с	т	у	ф	х
ц	щ		я	ь

1. кý___ня ( )
2. сто___óв___я ( )
3. с___áл___ня ( )
4. вá___на___ ( )
5. ___уал´___т ( )
6. ли___т ( )
7. лé___тни___а ( )
8. бал___óн ( )

2.4 Задáние 4. Словáрная фóрма

Work with a partner to complete the dictionary forms of the words below using choices from the letter bank. If no letter is needed, choose the "zero-ending," ø. Then place a check mark in the appropriate column to indicate the gender of each word: **он / онá / онó**.

ø	а	е
о	ь	я

	?	он	онá	онó
1. ýлиц	___	___	___	___
2. дом	___	___	___	___
3. кóмнат	___	___	___	___
4. общежи́ти	___	___	___	___
5. окн	___	___	___	___
6. лифт	___	___	___	___
7. двéр	___	___	___	___
8. спáльн	___	___	___	___
9. коридóр	___	___	___	___
10. лéстниц	___	___	___	___
11. кýхн	___	___	___	___
12. балкóн	___	___	___	___

2.4 Задáние 5. Нóвые фóрмы глагóла (New verb forms)

As you watch your instructor's presentation, fill in the missing endings for the verb "to live."

я	жив_____	мы	жив_____
ты	жив_____	вы	жив_____
он(á)	жив_____	они́	жив_____

2.4 Задáние 6. Кто здесь живёт?

Choose the correct ending for each verb from the choices provided in the box below. You may need to use an ending more than once. When you have completed all the verbs, match each conversation with an appropriate picture by writing the corresponding letter in the parentheses.

-ём	-ёт	-ёте
-ёшь	-у	-ут

а.

б.

в.

г.

д.

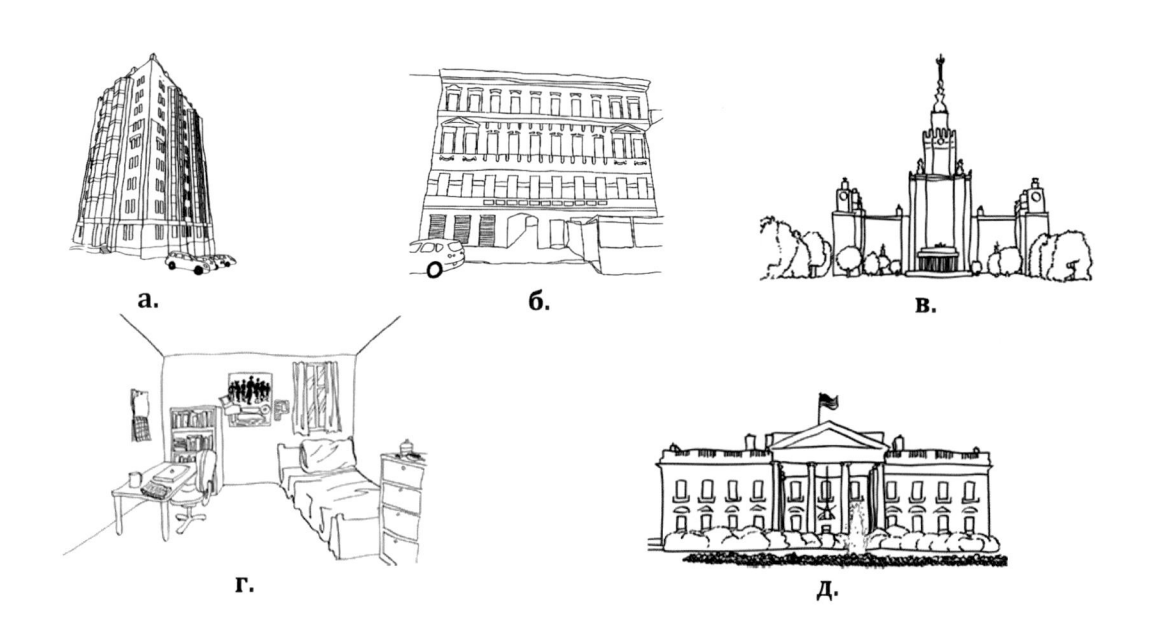

1. — Это Бéлый дом. Здесь жив_____ америкáнские президéнты. (　)

2. — Какóй красúвый дом! Кто там жив_____?
   — Это общежúтие. Там жив_____ студéнты. (　)

3. — Амáнда, кóмната, где ты жив_____ — хорóшая? (　)

4. — Студéнты, вот Московский университéт.
   — Какóй он большóй! Натáлья Михáйловна, вы жив_____ здесь?
   — Нет, что вы! Моя квартúра не здесь! (　)

5. — Кéйтлин, это наш дом. Мой муж и я жив_____ здесь. (　)

Между нами: Работа в аудитории　　　Урóк 2: часть 2　　75

2.4 Задáние 7. Ты живёшь здесь?

Choose the picture below that is closest to the type of building where your family lives. Then talk to as many of your classmates as you can to find out where they live. In each conversation, point to one of the pictures and ask:

- Ты живёшь здесь?

When you are asked, you should answer:

Да. OR Нет, я живу́ здесь [*pointing to the correct picture*].

Jot down the names of your classmates under the type of building that they indicate.

какие студéнты?	какие студéнты?	какие студéнты?
какие студéнты?	какие студéнты?	какие студéнты?

2.5 Задáние 1. Хозя́ева и студéнты

Our students have now met a number of Russians as well as one another, and everyone has some opinions about the people they have met. Read each Russian phrase and then chose the English equivalent for the adjective being used.

____ 1. Натáлья Михáйловна: «Амáнда талáнтливая».	а.	tactful
____ 2. Денúс: «Кéйтлин симпатúчная».	б.	polite
____ 3. Джош: «Тóни интерéсный».	в.	handsome
____ 4. Амáнда: «Тóни красúвый».	г.	talented
____ 5. Зóя Степáновна: «Тóни серьёзный».	д.	nice
____ 6. Кéйтлин: «Рúмма Юрьевна тактúчная».	е.	interesting
____ 7. Рúмма Юрьевна: «Кéйтлин вéжливая».	ж.	earnest, serious-minded

2.5 Задáние 2. Что говоря́т? (What Do Our Characters Say?)

Fill in the blanks to match exactly what our characters say in this episode.

туалéт	телевúзор	кóмната	úмя

1. Кéйтлин: Какáя хорóшая _____!
2. Рúмма Юрьевна: Какóе интерéсное _____!
3. Кéйтлин: Какóй большóй _____!
4. Кéйтлин: Какóй мáленький _____!

2.5 Задáние 3. Антóнимы

Draw lines to match each word on the left to the word(s) with the <u>opposite</u> meaning on the right. One word will have two possible antonyms.

стáрый	плохóй
большóй	некрасúвый
хорóший	нóвый
красúвый	мáленький
	молодóй

🎧 2.5 Задание 4. Какой? Какая? Какое? Какие?

A small child playing outside the building has a lot of questions for Caitlin. Listen to their conversation and write in the question words from the word bank that match what you hear.

какой	какая	какое	какие

— _____ э́то дом?

— Э́то дом но́мер 6.

— Но́мер шесть? А _____ э́то у́лица?

— Э́то у́лица Кали́нина.

— _____ кварти́ра ва́ша?

— Моя́ кварти́ра — вон там.

— А _____ балко́н ваш?

— Балко́н – то́же вон там.

— А _____ окно́ ва́ше?

— Моё окно́, коне́чно, то́же вон там.

2.5 Задание 5. Кварти́ра, где живёт Ке́йтлин

a. The Abdulovs have a combination of new and old furnishings in their apartment. To find out which objects are old and which are new, choose the adjective from the word bank that matches the noun grammatically. Then place a check mark next to any new objects. One object has been done for you.

New?	но́вая	но́вые	ста́рое	ста́рый

1. ____ Стол <u>ста́рый</u>.
2. ____ Сту́лья _____.
3. ____ Кре́сло _____.
4. ____ Телеви́зор _____.
5. ____ Ла́мпа _____.

б. Caitlin has now had a closer look at the apartment. To find out her opinion of what she sees, choose the adjective from the word bank that matches the noun grammatically. Then place a check mark next to any objects that she thinks look nice. One adjective is used twice.

Look(s) nice?	некрасивое некрасивая	красивый	красивый красивые
1. ___	Стол _____.		
2. ___	Стулья _____.		
3. ___	Кресло _____.		
4. ___	Телевизор _____.		
5. ___	Лампа _____.		

в. After her talk with the Abdulovs, Caitlin texts Denis and the other students about the apartment. Based on what you know about the apartment, draw lines to match each noun with an adjective that might describe it. One match has been done for you.

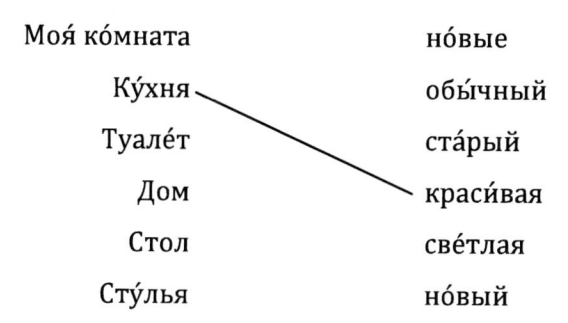

Моя комната   новые

Кухня   обычный

Туалет   старый

Дом   красивая

Стол   светлая

Стулья   новый

(Kухня — красивая)

г. Complete the following sentences about Caitlin's home stay in Kazan' by writing in the letters needed to finish the words. There should be only one letter per blank and you should use each letter provided. Cross them out as you go.

Place a check mark in the **Да** column if you think that Rimma Yur'evna would agree with the statement, or in the **Нет** column if she would not.

а е е й й ы ы ы ы я	Да	Нет
1. Это стар___ ___ дом.	___	___
2. Квартира, где я живу, нов___ ___.	___	___
3. Наши комнаты красив___ ___.	___	___
4. Стол стар___ ___.	___	___
5. Стулья нов___ ___.	___	___

2.5 Задание 6. Это плюс или минус?

a. Here are phrases that describe features of an apartment. Circle the ending needed to make the adjective agree with the given noun. Then decide, as a possible renter of the apartment, whether the feature would be a good thing (**Это плюс.**), a bad thing (**Это минус.**), or not a problem (**Это не проблема.**). Place a check mark in the appropriate column.

Adjective stem		Ending?		Noun	Это плюс.	Это минус.	Это не проблема.
больш	-ой	-ое	-ие	окно	____	____	____
нов	-ые	-ый	-ое	двери	____	____	____
маленьк	-ая	-ие	-ое	кухня	____	____	____
нов	-ый	-ое	-ые	туалет	____	____	____
стар	-ый	-ое	-ые	лифт	____	____	____
больш	-ие	-ое	-ой	комнаты	____	____	____
стар	-ое	-ые	-ый	дом	____	____	____
маленьк	-ое	-ий	-ая	балкон	____	____	____
плох	-ие	-ое	-ой	стены	____	____	____
маленьк	-ая	-ий	-ое	ванная	____	____	____
красив	-ый	-ая	-ые	лампа	____	____	____
хорош	-ее	-ие	-ий	кресло	____	____	____
плох	-ие	-ой	-ая	кровать	____	____	____

б. Now you will have a chance to find out whether any of your classmates share your opinions about what makes for a good apartment. Working with one other student at a time, ask him/her if the given feature is a problem. Use the following models in your responses. The catch? All of your questions and answers must have an adjective-noun phrase.

Маленькое окно — это проблема?

→ Конечно. Маленькое окно — это минус.

→ Маленькое окно, конечно, не плюс. Но это не проблема.

Новый лифт — это проблема?

→ Что ты? Новый лифт, конечно, плюс.

2.5 Зада́ние 7. Како́й? Кака́я? Како́е? Каки́е?

a. Match each element in the first column with an appropriate adjective in the second column. Your adjective-noun phrases need to make sense logically as well as grammatically (i.e., you will need to match the gender and number of the adjective and the noun).

места́ (places) и предме́ты (things)

Общежи́тие, где живёт Ама́нда,	краси́вое.
Кварти́ра, где живёт Ке́йтлин,	больша́я.
Яросла́вль	ста́рый.
Москва́	хоро́шее.
И́мя "Елизаве́та"	но́вая.

лю́ди (people)

Ната́лья Миха́йловна	серьёзный.
Ри́мма Ю́рьевна	энерги́чная.
аспира́нтка Ама́нда	симпати́чные.
Ке́йтлин и То́ни	молодо́й.
Зо́я Степа́новна	ру́сская.
Мара́т Аза́тович	симпати́чный.
Дени́с Гу́рин	молоды́е.
	немолода́я.
	серьёзная.

b. Share your sentences with the class. Do you agree with the descriptions that others created?

2.5 Задáние 8. Какие они?

a. Below are the names of some well-known performers, politicians, athletes, and fictional characters. Read through the sentences below and choose an appropriate name to fill in the blank. Keep the following in mind:
- You must believe that the person/people fit(s) the description.
- You must choose a name(s) that agree(s) with the adjective form given in the sentence.

Feel free to be creative by using names not provided in the box below.

Áнна Нетрéбко	Джáстин Бúбер	Билл Клúнтон
Мишéль Обáма	Мария Шарáпова	Королéва Элúзабет
Том Круз	Лéди Гáга	сёстры Уúльямс
add more names below ...		

1. _____ очень талáнтливая.
2. _____ очень энергúчная.
3. _____ очень красúвый.
4. _____ очень популя́рные.
5. _____ очень тактúчная.
6. _____ очень серьёзный.
7. _____ очень молодáя.
8. _____ очень энергúчные.
9. _____ очень стáрая.

б. In class, share your ideas above with a classmate.

Take turns reading your sentences aloud with a partner, introducing each one with the phrase, "I think that..."	→	Я дýмаю, что...
If you agree with your partner's statement, you should say:	→	Я тóже так дýмаю.
If you do not agree, you should say:	→	Нет, что ты! úли А я так не дýмаю.

82 Урóк 2: часть 2   *Между нами:* Рабóта в аудитóрии

2.6 Задáние 1. Квартúра, где живёт Тóни. Что э́то такóе?
Help Tony label the objects shown in these pictures.

кровать _____ _____

_____ _____ _____

2.6 Задáние 2. Текст: нóвые словá
The sentences below are Tony's thoughts as he sees Zoya Stepanovna's apartment for the first time. Match each sentence to an appropriate picture by writing the letter of the picture in the blank. More than one answer may be possible.

а.   б.   в.   г.

1. в Какóй высóкий потолóк!
2. __ Какáя интерéсная тýмбочка!
3. __ Какáя хорóшая кровáть!
4. а Какúе большúе крéсла!
5. б Какóе мáленькое полотéнце!
6. __ Какóе мáленькое зéркало!
7. а Какóй мáленький стол!
8. __ Какáя красúвая картúна!

2.6 Задáние 3. Квартѝра, где живёт Зо́я Степа́новна. Что ду́мает То́ни?

Review this episode and match each noun to the adjective with which it is used in the text.

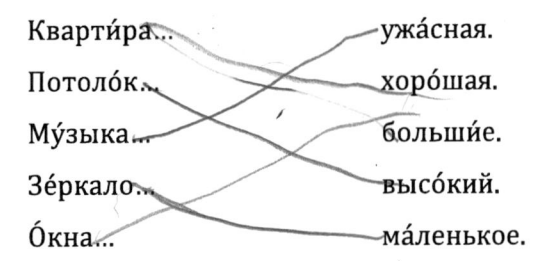

Кварти́ра... — ужа́сная.
Потоло́к... — хоро́шая.
Му́зыка... — больши́е.
Зе́ркало... — высо́кий.
О́кна... — ма́ленькое.

2.6 Задáние 4. Кака́я здесь ме́бель (furniture).

Look at this picture of a room and place a check mark next to any objects that you see. Be careful as the words are a mixture of singular and plural forms.

____ кре́сло   ____ кре́сла
____ ту́мбочки   ____ ту́мбочка
____ зеркала́   ____ зе́ркало
____ шкаф   ____ шкафы́
____ о́кна   ____ окно́
____ карти́на   ____ карти́ны
____ столы́   ____ стол

2.6 ЗАДА́НИЕ 5. КАКА́Я УЖА́СНАЯ КВАРТИ́РА!

As you watch your instructor's presentation, write in the missing ending for **како́й** and an adjective that describes what you think of the picture. After the presentation you will have a chance to share your reactions with your classmates.

Как____ ____ _____ ко́мната!

Как____ ____ _____ ку́хня!

Как____ ____ _____ балко́н!

Как____ ____ _____ дом!

Как____ ____ _____ о́кна!

Как____ ____ _____ карти́ны!

Как____ ____ _____ зе́ркало!

2.6 ЗАДА́НИЕ 6. КАКО́Е ИНТЕРЕ́СНОЕ И́МЯ!

Help our students express their opinions of the names of their host families by using the cues provided in the word bank. Be sure to distinguish first names and last names, and remember that **и́мя** is neuter. One has been done for you.

Кака́я	интере́сная	необы́чная
Како́е	интере́сное	необы́чное
и́мя	краси́вая	хоро́шая
фами́лия	краси́вое	хоро́шее

0. Azatovich is an unusual patronymic.   _Како́е_   _необы́чное_   _о́тчество_!

1. Rimma is a pretty name.   _____   _____   _____!

2. Abdulov is an interesting name.   _____   _____   _____!

3. Marat is a good name.   _____   _____   _____!

4. Gurin is an unusual name.   _____   _____   _____!

5. Zoya is an unusual name.   _____   _____   _____!

Уро́к 2: часть 3

2.7 Зада́ние 1. Пе́рвые впечатле́ния (First Impressions)

Place a check mark next to any items that you think Josh's "first impressions" blog post is likely to feature.

1. ____ his host family
2. ____ his flight from Moscow to Irkutsk
3. ____ where he lives in the US
4. ____ his new apartment
5. ____ his neighborhood in Irkutsk
6. ____ the history of Irkutsk
7. ____ Lake Baikal
8. ____ his house and address

Now skim the text below to see if you were correct. Go back to the list above, and circle the number for any topics that the text does actually include.

Приве́т!

Наконе́ц-то я здесь!

Э́то дом, где я живу́. А́дрес — Академи́ческая у́лица, дом но́мер 12, кварти́ра 29. Э́то бе́лый дом, не о́чень большо́й. На́ша дверь — чёрная.

Э́то моя́ хозя́йка, её зову́т Светла́на Бори́совна, а фами́лия Черны́х. По-мо́ему, э́то необы́чная фами́лия — хозя́йка говори́т, что её фами́лия — сиби́рская.

А э́то её маши́на. Кра́сная япо́нская маши́на. По-мо́ему, э́то Тойо́та.

Светла́на Бори́совна о́чень хоро́шая хозя́йка. Она́ о́чень мно́го рабо́тает.

Ирку́тск — о́чень интере́сный го́род. Здесь живу́т не то́лько ру́сские, но и украи́нцы, и белору́сы, и буря́ты, и тата́ры, и узбе́ки, и армя́не, и кита́йцы. Совсе́м недалеко́ кита́йский рестора́н. Есть и мексика́нский рестора́н. Э́то моя́ люби́мая ку́хня. Замеча́тельно, пра́вда?

2.7 Задание 2. Джош пишет блог. Что мы теперь (now) знаем?
Provide phrases from the text that describe the images below. You may include any elements from the text that you associate with these pictures — they can be short phrases, single words, or sentences. Draw arrows and circle items as needed.

2.7 Задание 3. Говорим более интересно! (Making More Interesting Sentences)

Use the conjunctions in the word bank to transform the simple sentences in the left-hand column into more complex (and more interesting) sentences in the right-hand column.

и	и... и	не только... но и
но		а

1. Это наша комната. Там — ваша комната.

   Это наша комната, _____ там — ваша комната.

2. Там живёт Марат Азатович. Там живёт его жена Римма Юрьевна.

   Там живёт _____ Марат Азатович, _____ его жена Римма Юрьевна.

3. Телевизор большой. Он плохой.

   Телевизор большой, _____ он плохой.

4. Стол старый. Стулья новые.

   Стол старый, _____ стулья новые.

5. В Иркутске живут русские. Там живут китайцы.

   В Иркутске живут _____ русские, _____ китайцы.

6. Какая хорошая квартира! Потолки высокие. Окна большие.

   Какая хорошая квартира! _____ (both) потолки высокие, _____ окна большие. Это большой плюс.

7. Зеркало, конечно, маленькое. Это не проблема — ты мужчина.

   Зеркало, конечно, маленькое, _____ это не проблема — ты мужчина.

Между нами: Работа в аудитории

2.7 ЗАДА́НИЕ 4. КАКИ́Е У НАС ВКУ́СЫ (TASTES).

a. Rate your level of interest in the following topics on a scale from 1 (**Э́то о́чень неинтере́сная те́ма**) to 4 (**Э́то о́чень интере́сная тема**). There are some unfamiliar words that you may need to read aloud before you recognize what they mean.

	…о́чень не интере́сная те́ма	…не интере́сная те́ма	…интере́сная те́ма	…о́чень интере́сная те́ма
америка́нская исто́рия*	1	2	3	4
ру́сская литерату́ра*	1	2	3	4
неме́цкие маши́ны	1	2	3	4
япо́нское кино́	1	2	3	4
кита́йская филосо́фия*	1	2	3	4
испа́нский язы́к	1	2	3	4
францу́зское вино́*	1	2	3	4
италья́нская ку́хня	1	2	3	4
тата́рская культу́ра*	1	2	3	4

*Sound out these words.

б. Compare your interests with those of a classmate. State opinions using this model:

Я ду́маю, что америка́нская исто́рия — неинтере́сная те́ма. А ты?

On how many topics were you in complete agreement with your classmate? ____

2.8 ЗАДА́НИЕ 1. АМА́НДА ПИ́ШЕТ ИМЕ́ЙЛ (EMAIL)

All of the nouns below "go with" an adjective found in the left-hand column. Write the word from the left-hand column into the appropriate blank near the nouns below. Be careful to spell the ending correctly. Then practice saying the combination aloud.

Нико́льская	**Не́вский**	**францу́зская**
удо́бная	хоро́шее	прия́тные
	ру́сское	

1. _____ проспе́кт
2. _____ и́мя
3. _____ общежи́тие
4. _____ фами́лия
5. Ка́тя _____
6. _____ ко́мната
7. _____ де́вушки

2.8 Задáние 2. Мáленькие словá

Match the Russian words on the left to their English equivalents. Read the Russian words aloud as you fill in the blanks with the appropriate letter

1. ____ слéва
2. ____ недалекó
3. ____ блúзко
4. ____ мнóго
5. ____ замечáтельно
6. ____ конéчно
7. ____ ря́дом
8. ____ спрáва

а. wonderful
б. a lot
в. on the right
г. next door
д. on the left
е. close
ж. not far
з. of course

Which three of these words are approximate synonyms?

_____
_____
_____

2.8 Задáние 3. Закóнчите предложéния (Finish the Sentences)

Match the beginning of each sentence on the left with its logical completion on the right.

1. Нéвский проспéкт ...
2. На фóто — кóмната, ...
3. Кóмната небольшáя, ...
4. Слéва ...
5. Кáтя и Лéна ...
6. Монúк, конéчно, ...
7. Ря́дом живýт ...
8. Э́то, навéрное,...

óчень приятные дéвушки.
но удóбная.
óбе студéнтки.
недалекó.
не рýсское úмя.
где я живý.
всё.
моя́ сосéдка по кóмнате.

2.8 Зада́ние 4. Ско́лько сто́ит? (How Much Does It Cost?)

All of our students are still getting used to Russian rubles. Here is a list of some small items they want to buy.

a. Work with a partner to sort the items by writing the appropriate letter next to them:
   - FF = fast food
   - C = candy or gum
   - O = other items, whether food or non-food

   Be sure to sound the words out! It may seem awkward to read cursive writing at first.

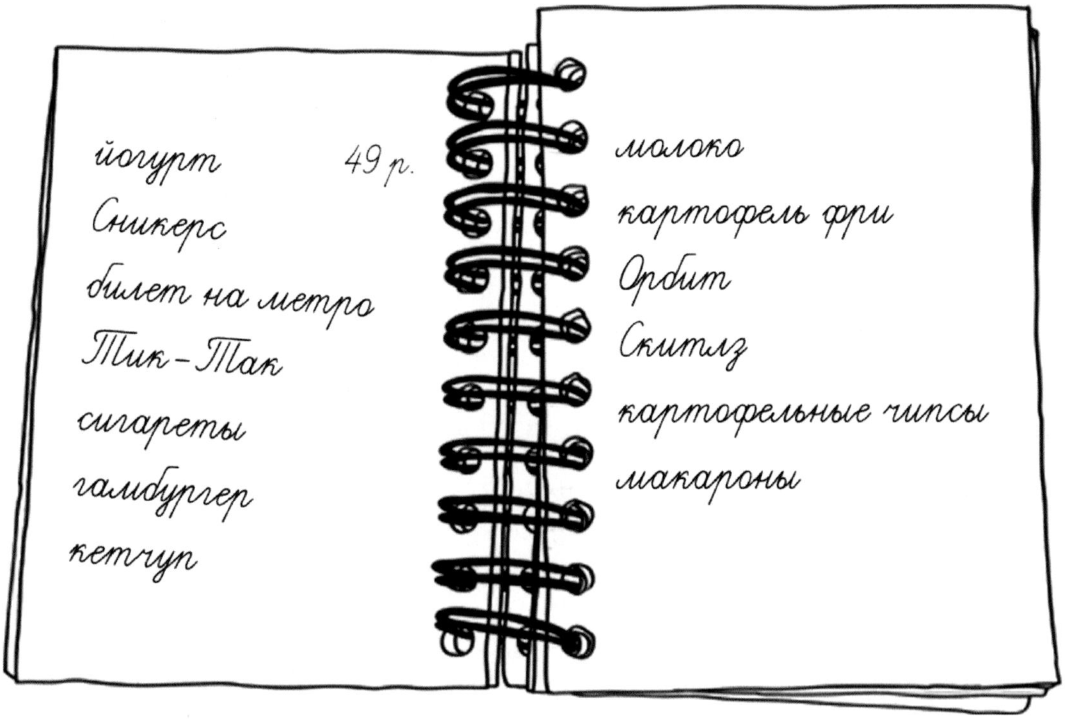
йогурт 49 р.
Сникерс
билет на метро
Тик-Так
сигареты
гамбургер
кетчуп
молоко
картофель фри
Орбит
Скитлз
картофельные чипсы
макароны

б. Now listen as your teacher tells you the price of each item and write it in next to the word. The first item has been done for you.

You hear: Йо́гурт сто́ит со́рок де́вять рубле́й.

You write: 49 р.

2.8 Задáние 5. Кóмната, где живёт Амáнда

a. Here is a typical Russian dorm room. Work with a partner to label the objects in the room.

б. Now work with your partner to describe the layout of the room.

Спрáва — _____.

А слéва — _____.

в. Finally, comment on some of the objects in the room using the nouns and adjectives below. An example is provided to get you started.

window	wardrobe	chairs
beds	TV	lamp
ceiling	desk	rug
new	interesting	ugly
old	large	pretty
high	small	

0. <u>Потолóк высóкий</u> _____.
1. _____.
2. _____.
3. _____.
4. _____.
5. _____.

Между нами: Рабóта в аудитóрии   Урóк 2: часть 3   93

2.8 Задание 6. Кто там живёт?

The sentences below describe our students' living situations. Take turns reading the sentences aloud with a partner. Then place a check mark under the name(s) of the student(s) whose situation each sentence describes and state your opinion using the model below. One has been done for you.

Образец: — Дверь чёрная.

— По-моему, это дом, где живёт Джош.

Это комната / квартира / дом / общежитие, где живёт...

	Тони	Аманда	Джош	Кейтлин
1. Дверь чёрная.	___	___	✓	___
2. Потолки высокие.	___	___	___	___
3. Комната светлая.	___	___	___	___
4. Дом белый.	___	___	___	___
5. Университет близко.	___	___	___	___
6. Зеркало маленькое.	___	___	___	___
7. Комната небольшая.	___	___	___	___
8. Хозяин — татарин, а хозяйка — русская.	___	___	___	___
9. Хозяйка — русская, её фамилия — сибирская.	___	___	___	___
10. Хозяйка и Денис Гурин — бабушка и внук.	___	___	___	___
11. Соседка по комнате — француженка.	___	___	___	___
12. Невский проспект недалеко.	___	___	___	___
13. Недалеко — китайский ресторан.	___	___	___	___

2.8 Задание 7. Кто это говорит? (Who Says This?)

Below are some statements, questions, and exclamations made by characters in our story. While some of them may be new to you, you should be able to guess who says each one based on what you know of the characters. For each sentence, decide who is the most likely speaker.

Что говорят?	Кто это говорит?
1. Какие высокие потолки!	Это, наверное, _____.
2. Это обычный туалет.	Это, наверное, _____.
3. Какой маленький туалет!	Это, наверное, _____.
4. Тут живут не только русские, но и китайцы.	Это, наверное, _____.
5. Она думает, что туалет маленький!	Это, наверное, _____.
6. Какая вежливая девушка!	Это, наверное, _____.
7. Моник очень хорошо знает русский.	Это, наверное, _____.
8. Какой вежливый студент!	Это, наверное, _____.
9. Елизавета — очень красивое имя.	Это, наверное, _____.
10. Это абсолютно нормальная реакция.	Это, наверное, _____.
11. Твоя хозяйка — моя бабушка.	Это, наверное, _____.
12. Наша комната небольшая, но удобная.	Это, наверное, _____.
13. На фото — моя хозяйка. Рядом её машина — красная Тойота.	Это, наверное, _____.
14. Моя соседка по комнате — француженка.	Это, наверное, _____.
15. Недалеко — китайский ресторан. Это замечательно!	Это, наверное, _____.
16. Зеркало маленькое, но это не проблема — ты ведь мужчина.	Это, наверное, _____.

🎧 2.8 Задание 8. Адреса

Amanda had a lot of addresses to keep track of during her first days in St. Petersburg. Some of them were dictated to her, and she had to write them down quickly. Most of them are for places she needs to go, but two are the home addresses of students in her department. Listen as your teacher reads the addresses aloud and fill in the missing information. The first one has been done for you.

0. Денис Гурин

    Москва

    Ленинский пр., д. <u>144</u>, к. <u>5</u>, кв. <u>63</u>

1. Супермаркет «Пятёрочка»

    Набережная (embankment) канала Грибоедова, д. _____

2. Ситибанк

    Невский проспект, д. _____

    Московский проспект, д. _____

3. кинотеатр «Нева»

    Невский проспект, д. _____

4. кинотеатр «Каро»

    Лиговский проспект, д. _____

5. кафе «Кофе-Хаус»

    Невский проспект, д. _____

    Литейный проспект, д. _____

    Лиговский проспект, д. _____

6. студентки

    Лара

    Московский проспект, д. _____, кв. _____

    Нина

    Суворовский пр., д. _____ кв. _____

2.8 Задáние 9. Сéмьи Джóшуа и Кéйтлин

In the two activities below, you will find out about Joshua's and Caitlin's families. The word banks below the diagrams give their names but not the relationships of the family members. Everyone in the class will be given a card with some information about the families. To fill in the family trees, you will need to ask other students appropriate questions. Based on what you hear, write in the missing first name in the correct place on the family tree. The last names given in parentheses are married names.

<u>Вопрóсы</u>: Кто такóй _____?   Кто такáя _____?

— Кто такóй Бен? *If you have the "Ben" card, read it out*:

— Бен — егó млáдший брат.

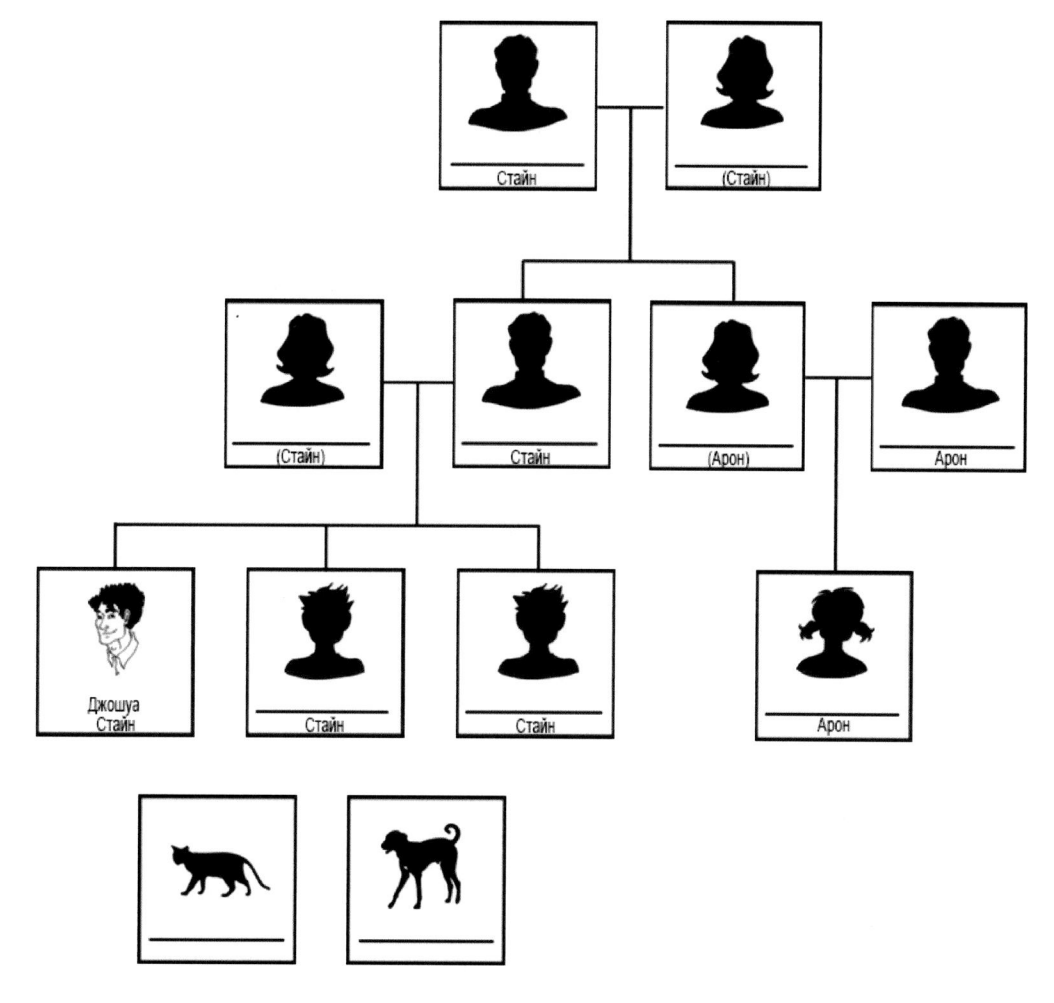

<u>Éто моя́ семья́:</u> Джóшуа

[Family tree diagram with the following labels:
- Top row: (Стайн) married to (Стайн)
- Middle row: (Стайн) — Стайн — (Арон) — Арон
- Bottom row: Джошуа Стайн, Стайн, Стайн, Арон
- Pets: cat, dog]

Бен	Дэ́вид	Ребе́кка
Джейк	Лэ́рри	Руфь
Уи́нстон	Натáн	Э́шли
Пе́нни	Э́ми	

Мéжду нáми: Рабóта в аудитóрии   Урóк 2: часть 3

Это моя семья: Кейтлин

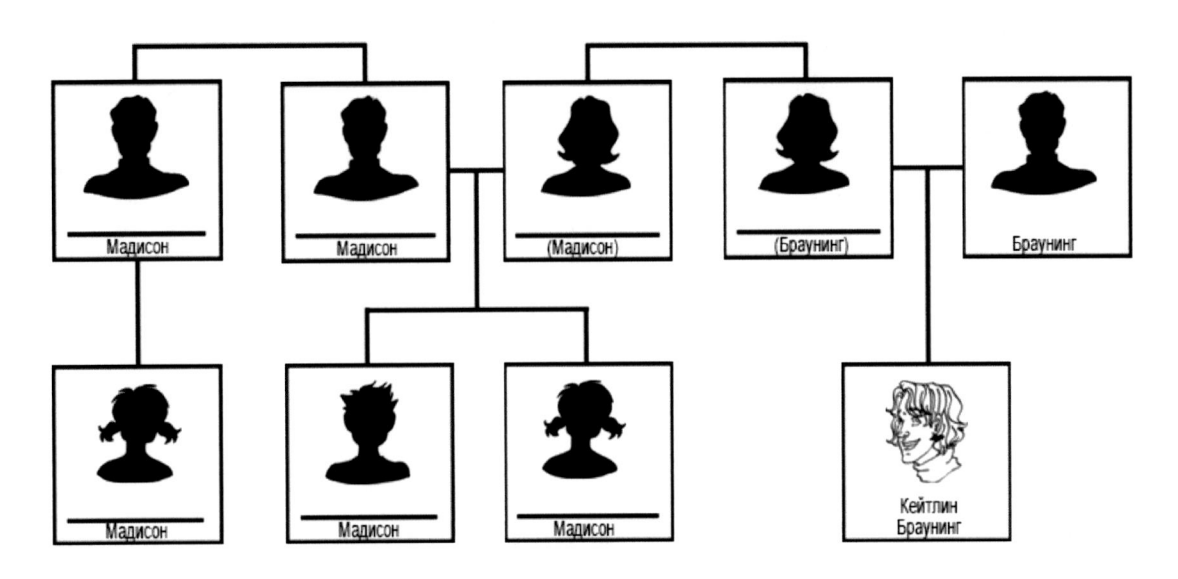

Кевин	Стив	Лора
Майкл	Тоби	Молли
Лилли	Чарльз	Сара
	Эмили	

98   Урок 2: часть 3   *Между нами*: Работа в аудитории

2.8 Задание 10. Dehydrated Sentences

Combine the words between the slashes to make meaningful and grammatically correct Russian sentences. Most of the words are in their dictionary forms, so think carefully about what changes you need to make.

Tips for working on this kind of sentence-building activity:
- Read through the words and make sure that you understand what the completed sentence will mean.
- Remember that adjectives and possessive pronouns need endings that agree with the nouns they modify.
- Remember that verbs need to agree with their subjects

1. Это / наш / семья / .

2. Там / жив- / мой / дедушка и бабушка / .

3. Какой / хороший / фотография / !

4. Справа / мой / родители / , / and / слева / мой / брат [plural] / .

5. Квартира / старый / , / but / красивый / .

6. Общежитие / , / где / я / жив- / , / хороший / .

7. Ваш / фамилия / русский / ?

8. Зеркало / маленький / and / окно / большой / .

Image Information

2.1 Зада́ние 4. Кака́я карти́нка?
1. Images courtesy of Polina Rylkova and Irina Filippova. © All rights reserved

2.4 Зада́ние 7. Ты живёшь здесь?
1. "NewHouseBelleville012" by April Weeks is licensed under CC BY 2.0. Modification by EGARC. https://www.flickr.com/photos/aprilannies/5565302712/. Last accessed 5/16/16.
2. "Arlington Grove Project (2)" by Paul Sableman is licensed under CC BY 2.0. Modification by EGARC. https://www.flickr.com/photos/pasa/8120423951. Last accessed 5/16/16.
3. "Towering Above" by Jules Antonio is licensed under CC BY-SA 2.0. https://www.flickr.com/photos/julesantonio/3390575594. Last accessed 5/16/16.
4. "Lilac and Loerie" by StormSignal is licensed under CC BY-SA 2.0. https://www.flickr.com/photos/stormsignal/16796019816. Last accessed 5/16/16.
5. "My Log Cabin 1985" by anoldent is licensed under CC BY-SA 2.0. https://www.flickr.com/photos/anoldent/576399961. Last accessed 5/16/16.
6. "Houses on High" by Cindy Funk is licensed under CC BY 2.0. https://www.flickr.com/photos/cindyfunk/2399669570. Last accessed 5/16/16.

Уро́к 3: часть 1

3.1 Зада́ние 1. Что они́ де́лают? (Что сего́дня де́лают на́ши геро́и?)

As you watch the presentation of activities, match the Russian phrases to their English equivalents.

1. ____ Он/Она́ чита́ет.
2. ____ Он/Она́ пи́шет.
3. ____ Он/Она́ отдыха́ет.
4. ____ Он/Она́ слу́шает.
5. ____ Он/Она́ игра́ет.
6. ____ Он/Она́ гуля́ет.
7. ____ Он/Она́ убира́ет.
8. ____ Он/Она́ рабо́тает.

а. He/She is listening.
б. He/She is cleaning/tidying up.
в. He/She is playing.
г. He/She is out strolling.
д. He/She is working.
е. He/She is relaxing.
ж. He/She is writing.
з. He/She is reading.

3.1 Зада́ние 2. Кто э́то де́лает?

Identify which character is doing each action by writing the corresponding letter in the blank. You will need to use some of the answers more than once.

1. ____ is making food.
2. ____ is playing soccer.
3. ____ is reading a magazine article.
4. ____ is working.
5. ____ is relaxing.
6. ____ is listening to music.
7. ____ is writing (taking) notes.
8. ____ is playing chess.
9. ____ is tidying up.
10. ____ is writing a composition.
11. ____ is out for a stroll.
12. ____ is not doing homework.

а. Зо́я Степа́новна
б. Мара́т Аза́тович
в. Ри́мма Ю́рьевна
г. Светла́на Бори́совна
д. То́ни
е. Ама́нда
ж. Джош
з. Ке́йтлин
и. Дени́с
к. никто́ (no one)

Между нами: Рабо́та в аудито́рии

3.1 Задание 3. Кто это говорит?

On Saturday all of our characters get phone calls from friends asking «**Что ты делаешь?**». In the blanks provided, write the letter corresponding to the person most likely to be doing each activity.

а. Аманда	б. Тони	в. Кейтлин
г. Джош	д. Зоя Степановна	е. Римма Юрьевна
ж. Марат Азатович		

Кто это говорит?

1. ____ Я делаю салат.
2. ____ Я работаю.
3. ____ Я гуляю.
4. ____ Я пишу конспект.
5. ____ Я дома, я отдыхаю.
6. ____ Я слушаю музыку.
7. ____ Я убираю квартиру.
8. ____ Я читаю журнал.
9. ____ Я играю в футбол.

3.1 Задание 4. Что я делаю?

a. Read the following sentences aloud and indicate whether you do the activity frequently (**часто**), rarely (**редко**), or not at all (**Я не…**). Place a check mark in the appropriate column.

	часто	редко	Я не…
1. Я чита**ю** блоги	____	____	____
2. Я чита**ю** журналы	____	____	____
3. Я слуша**ю** радио	____	____	____
4. Я отдыха**ю** в субботу (on Saturday)	____	____	____
5. Я гуля**ю** в парке (in the park)	____	____	____
6. Я игра**ю** в футбол	____	____	____
7. Я пиш**у** домашние задания (homework)	____	____	____
8. Я пиш**у** эсэмэски (text messages)	____	____	____

6. Now share your answers with a classmate. Before you start, write your partner's name in the blank at the beginning of the table below. Then circle **он** or **она́** at the beginning of each line. As you listen to your partner read his/her statements, place a check mark in the appropriate column to indicate how often your classmate does each of the activities.

Мой сосе́д / Моя́ сосе́дка — _____.	ча́сто	ре́дко	Он(а́) не...
1. Он / Она́ чита́ет бло́ги	___	___	___
2. Он / Она́ чита́ет журна́лы	___	___	___
3. Он / Она́ слу́шает ра́дио	___	___	___
4. Он / Она́ отдыха́ет в суббо́ту	___	___	___
5. Он / Она́ гуля́ет в па́рке	___	___	___
6. Он / Она́ игра́ет в футбо́л	___	___	___
7. Он / Она́ пи́шет дома́шние зада́ния	___	___	___
8. Он / Она́ пи́шет эсэмэ́ски	___	___	___

3.1 ЗАДА́НИЕ 5. ЧТО МЫ ДЕ́ЛАЕМ?

Think of a close friend or relative and write the name of that person in the box.

☐

Now complete the following survey, which asks about what you and your friend or relative do when you get together. Read the sentences aloud to yourself as you make your choices.

	ча́сто (frequently)	ре́дко (rarely)	Мы не... (We do not ...)
1. Мы чита́ем газе́ты	___	___	___
2. Мы чита́ем поэ́зию (poetry)	___	___	___
3. Мы слу́шаем ру́сские пе́сни (songs)	___	___	___
4. Мы отдыха́ем в суббо́ту	___	___	___
5. Мы гуля́ем в па́рке	___	___	___
6. Мы игра́ем в футбо́л	___	___	___
7. Мы пи́шем дома́шние зада́ния	___	___	___
8. Мы пи́шем эсэмэ́ски	___	___	___

3.1 Задáние 6. Вы чáсто..? (Do You Two Often ... ?)

Now you will work with a new partner to **ask** about his/her answers in Задáние 5. As you listen, record what you find out in the chart below.

1. Вы чáсто читáете газéты?
2. Вы чáсто читáете поэзию?
3. Вы чáсто слýшаете рýсские пéсни?
4. Вы чáсто отдыхáете в суббóту?
5. Вы чáсто гуляете в пáрке?
6. Вы чáсто игрáете в футбóл?
7. Вы чáсто пúшете домáшние задáния?
8. Вы чáсто пúшете эсэмэски?

		чáсто (frequently)	рéдко (rarely)	Онú не... (They do not)
1.	Онú читáют газéты	___	___	___
2.	Онú читáют поэзию	___	___	___
3.	Онú слýшают рýсские пéсни	___	___	___
4.	Онú отдыхáют в суббóту	___	___	___
5.	Онú гуляют в пáрке	___	___	___
6.	Онú игрáют в футбóл	___	___	___
7.	Онú пúшут домáшние задáния	___	___	___
8.	Онú пúшут эсэмэски	___	___	___

3.1 Задáние 7. Summary of Verb Endings

Look back through Задáния 4-6 and draw a line from the personal pronouns in the left hand column to the basic verb ending that goes along with it.

я	-ут / -ют
ты	-ем
он(á)	-ете
мы	-ешь
вы	-у / -ю
онú	-ет

3.1 Задание 8. Что ты делаешь?

Imagine that you are the person in the picture. A friend calls you and asks about what you are doing. Listen to the question and circle the appropriate response.

1.
- a. Да, я читаю журнал.
- **б. Нет, я читаю журнал.** ✓

2.
- **а. Да, я пишу конспекты.** ✓
- б. Нет, я пишу конспекты.

3.
- **а. Да, я читаю роман.** ✓
- б. Нет, я читаю роман.

4.
- а. Да, я слушаю радио.
- **б. Нет, я слушаю радио.** ✓

5.
- **а. Да, я убираю комнату.** ✓
- б. Нет, я убираю комнату.

6.
- а. Да, я работаю.
- **б. Нет, я работаю.** ✓

3.2 Задание 1. Кто что делает?

Place a check mark in the column(s) for the person who is doing each action in this episode.

Олег	Аманда	Катя	
___	___	___	is writing an essay.
___	___	___	is out for a stroll.
___	✓	___	is writing a text message.
___	___	___	is working.
___	✓	___	is reading an article.

Между нами: Работа в аудитории

Урок 3: часть 1   105

3.2 Задание 2. Кто это говорит (или пишет)?

Read the following sentences aloud with a partner and decide which character is most likely to say it. Then choose the picture that you think best illustrates the sentence. More than one answer may be possible.

	А = Аманда	О = Олег	К = Катя

	Кто это говорит?		Какая картинка?
1.	____	Я читаю статью и пишу конспект.	____
2.	____	Я думаю, что Катя и Лена гуляют.	____
3.	____	Где вы? Что вы делаете?	____
4.	____	Сегодня суббота, а ты не отдыхаешь.	____
5.	____	Ничего не делаем, гуляем.	____
6.	____	Что ты делаешь?	____
7.	____	По-моему, я мало работаю.	____

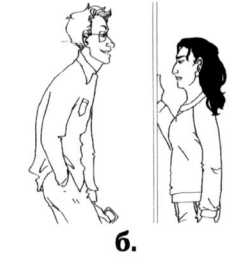

а.

б.

в.

г.

3.2 Задание 3. Закончите предложения (Finish the Sentences)

Working in pairs, match the beginning of each sentence on the left with its logical completion on the right. Read the complete sentences aloud.

1. Аманда пишет...   где Катя.
2. Катя и Лена...   мало работает.
3. Олег думает, что Аманда... гуляют.
4. Аманда думает, что она...   эссе и читает журнал.
5. Олег пишет...   много работает.
6. Олег не знает,...   эсэмэску.

3.2 Задание 4. Формы глагола (Verb Forms)

Go back to the text for this episode and notice the verb endings that go with each subject. Working with a partner, read the sentences aloud and use the endings in the bank to complete the verbs.

-ю	-ет	-ют
-ете	-у	-ем
	-ешь	

1. — Аманда, что ты дела____?
   — Я чита____ журнал и пиш____ эссе.
2. — Катя, Лена, что вы дела____?
   — Ничего, мы гуля____. А что?
3. — Аманда, ты очень много чита____.
   — Нет, Олег, по-моему, я мало чита____.
4. — Олег, ты зна____ номер телефона Кати?
   — Да, я сейчас ей пиш____ эсэмэску.

3.2 Задáние 5. Кто что дéлает?

Write in the missing ending for the verb and then choose the picture that best matches it. Note that some verbs may occur more than once, so pay attention to the number of people doing the action. One picture will not match any sentence. Read your sentences aloud as you work.

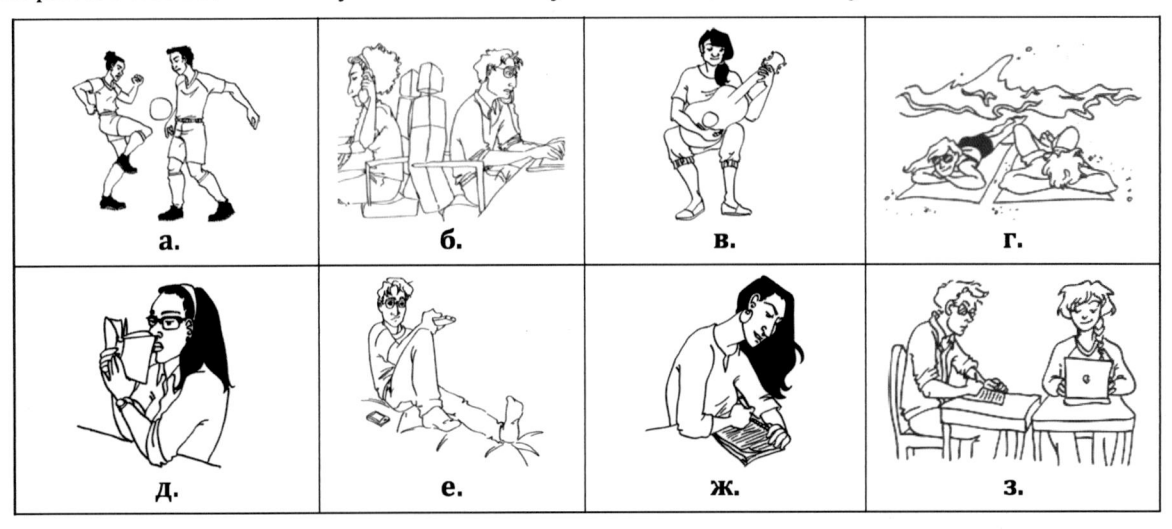

а.	б.	в.	г.
д.	е.	ж.	з.

1. Они́ чита́____. (карти́нка ___)
2. Она́ игра́____. (карти́нка ___)
3. Они́ отдыха́____. (карти́нка ___)
4. Они́ игра́____. (карти́нка ___)

5. Она́ пи́ш____. (карти́нка ___)
6. Он отдыха́____. (карти́нка ___)
7. Они́ пи́ш____. (карти́нка ___)

3.2 Задáние 6. Что они́ дéлают?

Write in as many captions as you can in the time your teacher gives you. Each caption must have at least two words (a pronoun or a noun, plus a verb that agrees with it). Your teacher may ask you to work in pairs or at the board.

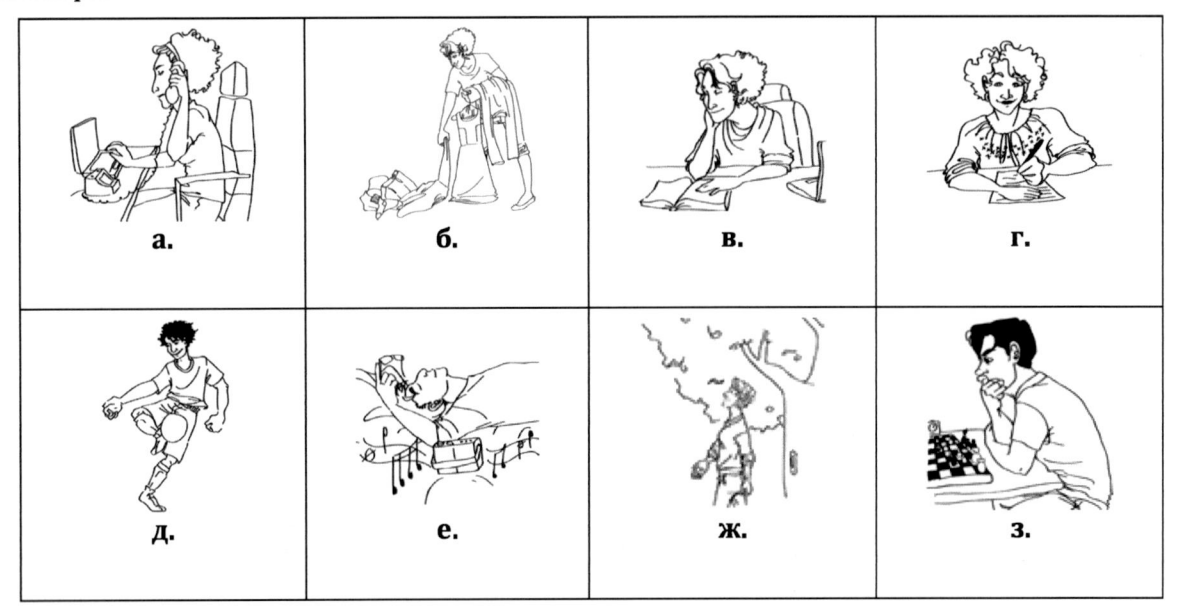

а.	б.	в.	г.
д.	е.	ж.	з.

3.2 Задáние 7. Нóвые словá

The following new words appear in the text. Say each word aloud as you and your partner match it with its English equivalent.

1. ____ почемý   а. in that case
2. ____ мнóго   б. a lot
3. ____ сегóдня   в. right now
4. ____ мáло   г. why
5. ____ сейчáс   д. too little
6. ____ тогдá   е. today

3.2 Задáние 8. Амáнда и Олéг

Work with a partner to complete this account of Amanda's talk with Oleg. Take turns reading the sentences aloud as you fill in the blanks. More than one answer is possible in a few instances.

Олéг дýмает, что Амáнда серьёзная — онá мнóго _____ и никогдá не _____. Он не понимáет, почемý Амáнда не _____. А Амáнда дýмает, что онá рабóтает _____.

Олéг не _____, где Кáтя. А Амáнда говори́т, что Кáтя и Лéна _____.

Олéг _____ Кáте эсэмэ́ску. Он спрáшивает (asks) Кáтю и Лéну, где они́, и что они́ _____.

3.2 Задáние 9. Вы знáете нóвые словá?

Check your knowledge of these words related to reading, writing and listening. Read each word aloud as you match it to its English equivalent.

1. ____ газéта   а. textbook
2. ____ домáшнее задáние   б. text message
3. ____ журнáл   в. book
4. ____ имéйл   г. newspaper
5. ____ кни́га   д. homework assignment
6. ____ пéсня   е. composition
7. ____ ромáн   ж. article
8. ____ сочинéние   з. novel
9. ____ статья́   и. magazine
10. ____ учéбник   к. song
11. ____ эсэмэ́ска   л. email

Мéжду нáми: Рабóта в аудитóрии   Урóк 3: часть 1

3.2 Задание 10. Вопросы к интервью

a. You are checking out a prospective Russian roommate and want to get some idea of how s/he spends her/his time. Add a logical Russian verb to each of these questions. Variations are possible. Since your roommate is likely to be close to your age, you would most likely address questions to them using the familiar «ты». Read the sentences aloud as you complete them.

1. Ты часто (often) _____ рок-музыку?
2. Ты часто _____ комнату?
3. Ты часто _____ домашние задания?
4. Ты _____ салаты?
5. Ты _____ блог?
6. Ты часто _____ дома?
7. Ты _____ в футбол?

б. Now work with a partner and ask him/her your questions. Remember that in asking yes/no questions, your intonation will need to rise on the key word, which here is either the verb form or the adverb of frequency.

Based on what you find out, be ready to tell the class whether your partner might be a compatible roommate. Use the phrases below to report to the class.

— Он хороший сосед? / Она хорошая соседка?

— Да. Он(а) _____.

Be ready to supply some similar information if you have something in common:

— ... и я тоже _____.

Or if it makes more sense, you can explain why not, and give contrasting information about yourself:

— Нет, не очень. Он(а) _____.

— А я _____.

🔍 3.3 Задание 1. Что читают и слушают россияне?

Read the presentation on the website and place a check mark in the blank before any statement that is true. Make sure to look at all three slides of the survey.

Это верно?

___ 1. More Russians read books than newspapers.

_✓_ 2. More Russians read the news than read fiction.

_✓_ 3. More Russians read entertainment literature than religious literature.

_✓_ 4. More Russians read educational literature than read fiction.

_✓_ 5. More Russians read political and economic literature than popular science literature.

___ 6. More Russians listen to pop music than to rock music.

_✓_ 7. More Russians listen to classical music than to pop music.

_✓_ 8. Hip hop is the least favorite type of music among Russians.

🔍 3.3 Задание 2. Новые слова

The second survey question about reading topics contains names for some genres of reading material. Based on the examples given, match each genre to its English equivalent. Note that in the survey the word **литература** refers to writing in given areas of knowledge.

1. _д_ художественная литература
2. _е_ развлекательная литература
3. _г_ учебная литература
4. _а_ научно-популярная литература
5. _б_ политическая литература
6. _в_ религиозная литература

а. non-fiction: popular science
б. works about politics
в. works about religion
г. educational works: textbooks, dictionaries, etc.
д. fiction / *belles-lettres*: classical and more serious literature
е. mass market entertainment

3.3 Задáние 3. Что читáют и пи́шут нáши герóи? Что они́ слýшают?

Here is some more information about how our characters are spending their weekend. Choose the appropriate noun on the right to finish each sentence. Do not forget to use the adjective endings to help you decide which noun you need. Take turns with a partner reading the sentences aloud.

1. __г__ Амáнда читáет интерéсную...
2. __а__ Джош пи́шет небольшóе...
3. __д__ Кéйтлин читáет мáленький...
4. __е__ Дени́с слýшает америкáнский...
5. __в__ Тóни слýшает рýсскую...
6. __б__ Зóя Степáновна пи́шет [to] Дени́су...

а. сочинéние.
б. письмó.
в. пéсню.
г. статью́.
д. текст.
е. джаз.

3.3 Задáние 4. Знамени́тые (Famous) спортсмéны

Match the people below with the sports that they are famous for playing. Note that chess is considered a sport. Take turns with a partner reading the sentences aloud as you work.

1. ____ Алексáндр Овéчкин игрáет...
2. ____ Гáрри Каспáров игрáет...
3. ____ Серéна Уи́льямс игрáет...
4. ____ ЛеБрóн Джеймс игрáет...
5. ____ Тáйгер Вудс игрáет...
6. ____ Наóми Осáка игрáет...
7. ____ Лионéль Мéсси игрáет...
8. ____ Аáрон Джадж игрáет...
9. ____ Мéган Рапи́но игрáет...
10. ____ Ти́на Чарльз игрáет...

а. в баскетбóл. *basketball*
б. в бейсбóл. *baseball*
в. в гольф. *golf*
г. в футбóл. *football*
д. в шáхматы.
е. в тéннис. *tennis*
ж. в америкáнский футбóл. *American ball*
з. в хоккéй.

Famous

3.3 Зада́ние 5. Кто во что игра́ет?

A group of Russian students is visiting your university, and you have been asked to organize some activities for them and some local students. You know about a few of the students' preferences, but lack information about most of the others.

    а. Your teacher will give you a card with some information. Write that information into the table on the next page.

    б. Your teacher will then assign you to work in a small group with two or more students in your class. Following the model below, ask each other yes/no questions to fill out the remaining information in your table. Make sure to put the names of the Russian and American students in the appropriate columns. When asking about pairs of names, use the **они́** form of the verb.

> — **Ты не зна́ешь** (Do you happen to know), **Ке́вин игра́ет в футбо́л?**
>
> — Я не зна́ю. OR
>
> — Да, Ке́вин игра́ет в футбо́л. OR
>
> — Ке́вин не игра́ет в футбо́л. Он игра́ет в хокке́й.

Студе́нты РФ	Студе́нты США
А́ня и Ма́ша	Джеймс
Пе́тя и Марк	Мэ́ри и Дэ́вид
Та́ня	Тэ́йлор и Мэли́нда
Ди́ма	Ке́рри и Джон
Ле́на и Же́ня	Ша́ннон и Крис
Воло́дя и То́ля	Сэм

    в. When you have filled in your table, work in your group to choose two activities that you can schedule with enough participants. Be ready to report on what you chose and why.

> Мы игра́ем в _____ и в _____.

российские студенты	американские студенты	Use the appropriate verb form as you exchange information!
		играет в футбо́л. игра́ют
		игра́ет в баскетбо́л. игра́ют
		игра́ет в те́ннис. игра́ют
		игра́ет в ша́хматы. игра́ют
		игра́ет в волейбо́л. игра́ют

3.3 ЗАДА́НИЕ 6. ТЫ ИГРА́ЕШЬ В ФУТБО́Л?

a. Using the list of sports provided in зада́ние 5, complete the sentences below to make as many statements that are true about you as you can. Do not forget to use the preposition **в** with the sport name! Practice saying your sentences aloud as you work.

Я игра́ю _____

_____.

Я хорошо́ игра́ю _____

_____.

Я не о́чень хорошо́ игра́ю _____

_____.

Я пло́хо игра́ю _____

_____.

Я не игра́ю _____

_____.

b. Ask your classmates about the sports that they play, using the question **Ты игра́ешь в ...?** Since this is a yes/no question, your intonation will rise on the word **игра́ешь**. As you listen to your classmate's answers, write their names in the appropriate columns to see if you have enough people to make a team.

Кто игра́ет в те́ннис?	Кто игра́ет в волейбо́л?	Кто игра́ет в баскетбо́л?	Кто игра́ет в футбо́л?

3.3 Задáние 7. Что ты дéлаешь вéчером (in the evening)? Лотó! (Bingo!)

Find someone who spends his/her evenings doing activities in the chart below by asking your classmates the questions provided. If you get a "yes" as an answer to your question, write that person's name in the box. The first person to get a complete row of names in any direction is the winner, and should yell out **Квартúра**!

The catch is that questions and answers only count if you use the full verb phrase (pronoun and verb form) in both the question and the answer. Your teacher will be listening carefully so make sure to follow the forms provided:

Ты _____?

Да, я _____. / Нет, я не _____.

Я читáю газéту.	Я слýшаю рэп.	Я пишý блог.
(Ты читáешь газéту?)	(Ты слýшаешь рэп?)	(Ты пúшешь блог?)
Я отдыхáю.	Я пишý эсэмэ́ски.	Я пишý домáшние задáния.
(Ты отдыхáешь?)	(Ты пúшешь эсэмэ́ски?)	(Ты пúшешь домáшние задáния?)
Я игрáю в баскетбóл.	Я убирáю кóмнату.	Я игрáю в шáхматы.
(Ты игрáешь в баскетбóл?)	(Ты убирáешь кóмнату?)	(Ты игрáешь в шáхматы?)

3.3 ЗАДА́НИЕ 8. ЧТО ВЫ ДЕ́ЛАЕТЕ? ЧТО ДЕ́ЛАЮТ ВА́ШИ КОЛЛЕ́ГИ?

a. Imagine that it is a Saturday afternoon and you have some time to catch up on reading and listening to music. Put a check mark before all of the statements that might apply to you. Read the sentences aloud as you work.

____ Я чита́ю популя́рн**ый** рома́**н** «Га́рри По́ттер».

____ Я чита́ю ру́сск**ую** кла́ссик**у**.

____ Я чита́ю ру́сск**ую** исто́ри**ю**.

____ Я чита́ю интере́сн**ые** бло́г**и**.

____ Я слу́шаю ста́р**ую** поп-му́зык**у**.

____ Я слу́шаю класси́ческ**ую** му́зык**у**.

____ Я слу́шаю америка́нск**ую** му́зык**у** ка́нтри.

б. Now look around at your classmates. Who in your group do you think would be doing these things on a Saturday afternoon? Write in their name. If you think that no one in your group does these things, write in the words "**Никто́ не.**"

_____ чита́ет популя́рн**ый** рома́**н** «Га́рри По́ттер».

_____ чита́ет ру́сск**ую** кла́ссик**у**.

_____ чита́ет ру́сск**ую** исто́ри**ю**.

_____ чита́ет интере́сн**ые** бло́г**и**.

_____ слу́шает ста́р**ую** поп-му́зык**у**.

_____ слу́шает класси́ческ**ую** му́зык**у**.

_____ слу́шает америка́нск**ую** му́зык**у** ка́нтри.

в. Now get up and, using only Russian, ask your classmates if they actually do these things. Since you are talking to people your own age, you should use the **ты** form in your questions. Put a check mark next to all of the guesses that you got correct in part **б**.

Между нами: Рабо́та в аудито́рии

3.3 Зада́ние 9. Дава́йте напи́шем диало́г

The elements between the slashes below can be combined to create sentences for a dialogue between Natalya Mikhailovna (**НМ**) and Denis (**Д**). Work with a partner to write out sentences, paying careful attention to the endings on your verbs, nouns and adjectives. Your teacher may ask you to write some of your sentences on the board or to read them aloud to the class.

НМ: Дени́с, как живу́т на́ши студе́нты? [как живу́т = как дела́]

Д: Я / ду́май- / , / что (that) / всё / норма́льно / .

_____

_____

НМ: What / они́ / сего́дня / де́лай- / ?

_____

Д: Ра́зное (various things) / . / Ама́нда / , / of course / , / рабо́тай- / .

_____

Она́ / де́лай- / дома́шнее зада́ние / – / чита́й- / большо́й / статья́ / and / пи́ш- / конспе́кт / .

_____

_____

НМ: Отли́чно.

Д: And [contrast, not "as well"] / Ке́йтлин / гуля́й- / .

_____

НМ: Она́ / не / пи́ш- / сочине́ние / ? / Э́то нехорошо́ / .

_____

Д: Ната́лья Миха́йловна, сего́дня ведь суббо́та. Студе́нты / отдыха́й- / .

_____

НМ: And / что / де́лай- / То́ни и Джош? / Они́ / , / probably / , / пи́ш- / сочине́ние / .

_____

_____

Д: Нет. / То́ни / now / слу́шай- / му́зыка / .

_____

НМ: Како́й / му́зыка / он / слу́шай- / ?

_____

Д: Ру́сский / пе́сни . And [contrast] / Джош / игра́й- / футбо́л / .

_____

НМ: Понятно. А / вы / что / дéлай- / ?
_____

Д: Я / сегóдня / игрáй- / тéннис / .
_____

Урок 3: часть 2

3.4 Задание 1. Что вы увидите (will see) в университете?
Найдите (find) **английские эквиваленты.** The first one has been done for you. Say the Russian words aloud as you match them.

0. _ж_ кафедра — а. dining hall
1. _д_ раздевалка — б. classes
2. _а_ столовая — в. rest rooms
3. _е_ библиотека — г. classroom
4. _в_ туалеты — д. cloakroom, coat check
5. _г_ аудитория — е. library
6. _б_ занятия — ~~ж. department office~~

🎧 3.4 Задание 2. Давайте сразу на русском! (In Russian Right from the Start!)
Tony's conversation with Georgii Vladimirovich includes a number of phrases that will help you manage conversations, especially those that include language you do not immediately understand. As you listen to the episode once more, match each phrase to an appropriate situation.

1. _в_ welcome someone to a new place — а. я рад / я рада с вами познакомиться
2. _а_ be pleased to meet someone — б. простите
3. _г_ get someone to speak slowly — в. добро пожаловать
4. _б_ beg someone's pardon — г. говорите медленно, пожалуйста
5. _д_ indicate you did not catch something — д. я не понял / я не поняла

3.4 Задание 3. Синонимы
Match each expression on the left with its rough equivalent on the right. Then take turns reading them aloud with a partner.

1. _г_ Очень рад / рада познакомиться. — а. Извините.
2. _а_ Простите. — б. Понятно.
3. _б_ Я понял. / Я поняла. — в. Очень хорошо, что вы здесь.
4. _в_ Добро пожаловать. — г. Очень приятно.

3.4 Задание 4. Ситуации: что мы говорим?

Work with a partner to find phrases from this episode that will help you use Russian effectively in these situations. Write in any phrases that could work in the given situation.

a. One of you is a new student in Yaroslavl'. Georgii Vladimirovich Ushakov greets you, but he talks very fast, and you do not understand him.

_____
_____
_____
_____

б. Your homestay host, Anton Pavlovich, says the following sentence that you did not understand: Познакомьтесь, это моя супруга.

_____
_____
_____
_____

в. You are helping out at a university conference and are meeting some of the Russian faculty visitors. Convey how pleased you are to meet them.

_____
_____
_____
_____

г. Another student at the conference is named James but goes by Jim. However, he needs help telling the Russian to call him Jim instead of James.

_____
_____
_____
_____

3.4 Задáние 5. Как прáвильно?

Choose a logical response for each prompt. Remember that institutions of post-secondary education (colleges and universities) use different vocabulary to refer to themselves than primary and secondary education do. Read the sentences aloud as you work.

а. Это нáша шкóла.

____ Какие хорóшие аудитóрии!

____ А где ваш преподавáтель?

____ А где ваш класс?

б. Ты знáешь, какáя здесь лéкция?

____ Я не знáю, а преподавáтель знáет.

____ Я не знáю, а учитель знáет.

____ Я не знáю, а ученики знáют.

в. Это вáши студéнты?

____ Да, я — их учительница.

____ Нет, их преподавáтель — вон там.

____ Нет, их шкóла — не здесь.

г. Вам нрáвится нáша шкóла?

____ Нет, здесь óчень плохие студéнты.

____ Нет, здесь óчень плохие ученики.

____ Нет, здесь óчень плохие аудитóрии.

3.4 Задáние 6. Перевóд (Translation)

Work with a partner to create Russian equivalents for the sentences below as both a school child and university student would express them. Make sure that your translations reflect the differences between these two educational contexts. One has been done for you as an example.

	School child	**University student**
My teachers are good.		
Our school is very big.	Нáша шкóла большáя.	
Where is our classroom?		
Is that the new teacher?		
Our classes are interesting.		

3.4 Задание 7. Что это?

Provide an appropriate caption for each picture below using the word stems and grammatical endings provided. Pay careful attention to whether the form you need is singular or plural.

word stems	endings
аудито́р-	-ия
сочине́н-	-ие
упражне́н-	-ии
фотогра́ф-	

1. Э́то _____.

2. А э́то _____.

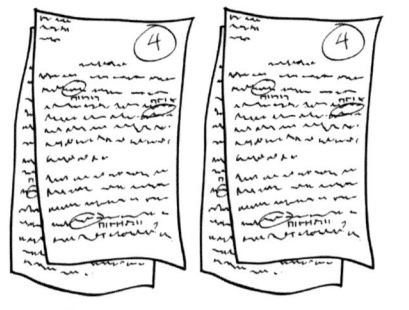

3. Э́то _____.

4. А э́то _____.

5. Э́то _____.

6. Э́то _____.

3.4 Задáние 8. Закóнчите предложéния (Complete the Sentences)

It is early in the school year, and some of Tony's classmates have questions for him. Complete each question and answer so that the modifiers are correct. Take turns with a partner reading the sentences aloud.

1. — Тóни, ты не знáешь, где [**нáша / нáше / нáши**] аудитóрия?

   — Вон там, нóмер 19. Геóргий Владимирович сказáл (said), что

   [**нáша / нáше / нáши**] заня́тия всегдá там.

2. — Тóни, смотри́ (look) — вот [**нáша / нáше / нáши**] сочинéния.

   — А [**моя́ / моё / мой**] сочинéние дóма. Я егó ещё (still) пишу́.

3. — Тóни, ты не знáешь, э́то [**рýсская / рýсское / рýсские**] фами́лии?

   — Ушакóв, по-мóему, [**рýсская / рýсское / рýсские**] фами́лия. А фами́лия Белы́х? Не знáю.

4. — Тóни, э́то не óчень [**интерéсная / интерéсное / интерéсные**] упражнéние.

   — Да, я знáю. Но Геóргий Владимирович дýмает, что [**такáя / такóе / таки́е**]

   упражнéния — [**хорóшая / хорóшее / хорóшие**].

3.5 Задáние 1. Вы говори́те по-испáнски? Языки́ и нóвые глагóлы (verbs)

In this episode, Tony and Oleg talk about how well they know certain languages, what they are studying, and which subjects they enjoy. Match each verb they use to its English equivalent, saying them aloud as you work.

1. ____ я знáю
2. ____ я говорю́
3. _а_ я понимáю
4. _з_ я пишу́
5. _ж_ я читáю
6. _з_ я люблю́
7. _в_ я изучáю
8. _г_ я смотрю́

а. understand
б. study
в. watch
г. speak
д. know
е. write
ж. read
з. love

Между нáми: Рабóта в аудитóрии   Урóк 3: часть 2

3.5 ЗАДА́НИЕ 2. Э́ТО ВЕ́РНО И́ЛИ НЕВЕ́РНО?

Work with a partner to read the following sentences aloud. Indicate whether they are true (**Э́то ве́рно**) or false (**Э́то неве́рно**).

		Э́то ве́рно.	Э́то неве́рно.
1.	Оле́г о́чень хорошо́ говори́т по-англи́йски.	___	✓
2.	То́ни изуча́ет ру́сский язы́к.	✓	___
3.	Оле́г понима́ет по-испа́нски.	___	✓
4.	Бра́тья и сёстры То́ни говоря́т по-испа́нски.	✓	___
5.	Оле́г чита́ет по-англи́йски.	___	✓
6.	Роди́тели То́ни говоря́т до́ма по-англи́йски.	✓	___
7.	То́ни изуча́ет неме́цкий язы́к.	___	✓
8.	Оле́г лю́бит языки́.	✓	___
9.	То́ни понима́ет по-ру́сски.	✓	___
10.	Оле́г зна́ет неме́цкий язы́к.	___	✓
11.	То́ни пло́хо пи́шет по-англи́йски.	___	✓
12.	То́ни смо́трит фи́льмы на ру́сском языке́.	✓	___
13.	Оле́г зна́ет испа́нский язы́к.	✓	___

3.5 ЗАДА́НИЕ 3. SPEAKING

a. Read these excerpts from this episode, noticing the uses of the verb "speak, say."

Оле́г: Вы говори́те по-испа́нски?

То́ни: Мы говори́м и по-испа́нски, и по-англи́йски. До́ма роди́тели говоря́т то́лько по-испа́нски, а бра́тья и сёстры говоря́т и по-испа́нски, и по-англи́йски до́ма. Я хорошо́ понима́ю и говорю́ по-испа́нски, но ма́ло пишу́, и поэ́тому пишу́ не о́чень хорошо́.

Оле́г: Зна́чит, ты говори́шь по-испа́нски, по-англи́йски и по-ру́сски.

б. Write the appropriate endings for the present tense forms of the verb "speak, say."

я	говор ___	мы	говор ___ ___
ты	говор ___ ___	вы	говор ___ ___
он(а́)	говор ___ ___	они́	говор ___ ___

в. Now mark the word stress for each form.

🎧 3.5 ЗАДА́НИЕ 4. НО́ВЫЕ ГЛАГО́ЛЫ: КТО ЧТО ДЕ́ЛАЕТ?

You are hearing about various people's interests, but you catch only the second half of each sentence. Some are people talking about themselves, others are giving information about third parties, and a few are questions for you. Based on what you hear, pick the subject that must have started the sentence.

1.	я	ты	он(а́)	они́
2.	я	дя́дя Ю́ра	мы	вы
3.	я	Дени́с	мы	вы
4.	я	ты	мы	студе́нты
5.	я	ты	Дени́с	роди́тели
6.	я	Ната́лья Миха́йловна	Дени́с	студе́нты
7.	я	мы	вы	Дени́с и Джош
8.	я	ты	мы	вы
9.	я	Дени́с	мы	То́ни и Зо́я Степа́новна
10.	я	ты	мы	вы

3.5 ЗАДА́НИЕ 5. НО́ВЫЕ ГЛАГО́ЛЫ: КТО ЧТО ДЕ́ЛАЕТ?

a. You received some information about some Russian students, but the transcript below left out all of their names. You know that Masha always does things on her own, and that Nina and Tanya have the same tastes and do things together. Decide based on context whether the subject of the sentence is Masha or Nina and Tanya, and place a check mark in the appropriate column. Read the sentences aloud with a partner as you work through the exercise.

	Ма́ша	**Ни́на и Та́ня**	
1.	✓	✓	о́чень лю́бят архитекту́ру.
2.	__	✓	слу́шает джаз.
3.	✓	__	говори́т немно́го по-испа́нски.
4.	✓	✓	смо́трят фи́льмы на компью́тере.
5.	✓	✓	лю́бит класси́ческий рок.
6.	✓	__	не рабо́тает.
7.	__	✓	говоря́т по-францу́зски.
8.	✓	__	игра́ет в баскетбо́л.
9.	__	✓	хорошо́ зна́ют италья́нскую о́перу.

б. Now use that information to answer the following questions with a partner. Fill in the name(s), circle the appropriate **pronoun**, and then justify your opinion using information from the completed transcript above. The first one has been done for you.

    0. Who should receive a new French dictionary?

       __Нина и Таня__. Ведь (after all) она /(они)__ говоря́т по-францу́зски.__

    1. Who should receive a book about old Russian buildings?

       _____. Ведь она́ / они́ _____

    2. Who should meet your friend who is into sports?

       _____. Ведь она́ / они́ _____

    3. Who should get tickets to the Bolshoi Theater?

       _____. Ведь она́ / они́ _____

    4. Who might like a subscription to Netflix?

       _____. Ведь она́ / они́ _____

    5. Who might have the less busy schedule?

       _____. Ведь она́ / они́ _____

    6. Who might want a book about the Rolling Stones?

       _____. Ведь она́ / они́ _____

в. Who are you more like? Compare yourself to the three Russians by first **placing a check mark** next to any of the following statements that apply to you. Read the sentences aloud to yourself as you work.

    1. ____ Я люблю́ архитекту́ру.

    2. ____ Я слу́шаю джаз.

    3. ____ Я говорю́ немно́го по-испа́нски.

    4. ✓ Я смотрю́ фи́льмы на компью́тере.

    5. ✓ Я люблю́ класси́ческий рок.

    6. ✓ Я не рабо́таю.

    7. ✓ Я говорю́ по-францу́зски.

    8. ✓ Я игра́ю в баскетбо́л.

    9. ____ Я хорошо́ зна́ю италья́нскую о́перу.

г. Then, compare yourself to them using these sentences:

    Ма́ша/Ни́на и Та́ня _____, а я _____.

        OR

    Ма́ша/Ни́на и Та́ня _____, и я то́же _____.

3.5 Зада́ние 6. А что ты де́лаешь?

Using only Russian, survey your classmates to find one person who answers each question with a positive response. Record that person's name in the blank as you will need to summarize your findings after you complete the survey. The questions here are all in yes/no format, so remember to make your intonation rise sharply on the verb as you ask them. When you are asked questions, be sure to answer in complete sentences.

— Ты смо́тришь америка́нские фи́льмы?

— Да, я смотрю́ америка́нские фи́льмы.

OR

— Нет, я не смотрю́ америка́нские фи́льмы.

Вопро́сы	**Кто говори́т: "Да, я..."**
1. Ты лю́бишь спорт?	_____
2. Ты лю́бишь джаз?	_____
3. Ты лю́бишь ви́део-и́гры?	_____
4. Ты лю́бишь америка́нскую литерату́ру?	_____
5. Ты смо́тришь телеви́зор?	_____
6. Ты смо́тришь ру́сские фи́льмы?	_____
7. Ты смо́тришь чёрно-бе́лые фи́льмы?	_____
8. Ты смо́тришь баскетбо́л?	_____

Report your findings to the class. Remember, when you use a person's name as the subject of the sentence, your verb will need to be in the third person form.

3.5 Зада́ние 7. "Ма́ленькие" слова́

Complete each sentence logically, choosing from the options below. Read the sentences aloud, taking turns with a partner.

1. До́ма роди́тели То́ни говоря́т [**то́лько / ма́ло**] по-испа́нски.
2. То́ни говори́т, что в Теха́се испа́нский язы́к зна́ют [**всегда́ / мно́гие**], но не все.
3. То́ни о́чень [**ма́ло / всегда́**] пи́шет по-испа́нски, поэ́тому он пи́шет пло́хо.
4. То́ни хорошо́ говори́т по-ру́сски. Он [**все / всегда́**] слу́шает ру́сское ра́дио.
5. То́ни говори́т, что он слу́шает ру́сское ра́дио. Оле́г ду́мает, что То́ни — [**молоде́ц / то́лько**].

🎧 3.5 ЗАДА́НИЕ 8. Опро́с. Э́то тру́дный и́ли лёгкий предме́т?

Here are some **предме́ты** (academic subjects) that you may have had in high school or could be taking now. Your job is to find out what the students in your class think about them. Based on what you find out, you can decide whether your classmates talents lie more in the sciences or humanities. Are you, as Russians would say, «**фи́зики и́ли ли́рики**» ("physicists or poets")?

a. Listen as your teacher reads out the names of some academic subjects. Place a check mark in the appropriate column to indicate whether or not you understand the meaning of the Russian word.

	Вы по́няли, что э́то тако́е?	
	Да, я по́нял / поняла́.	Нет, я не по́нял / поняла́.
1. литерату́ра	____	____
2. матема́тика	____	____
3. фи́зика	____	____
4. филосо́фия	____	____
5. хи́мия	____	____
6. исто́рия	____	____
7. эконо́мика	____	____
8. биоло́гия	____	____
9. му́зыка	____	____
10. язы́к (напр. ру́сский)	____	____

б. If you did not understand any of the words, now you can ask:

Я не по́нял / Я не поняла́, что тако́е … ?

в. Here are the academic subjects again, this time in alphabetical order. Work individually and indicate whether you think the subject is **лёгкий** (easy) or **тру́дный** (hard) by placing a check mark in the appropriate column.

	По-мо́ему, э́то лёгкий предме́т.	По-мо́ему, э́то тру́дный предме́т.
1. биоло́гия	____	____
2. исто́рия	____	____
3. литерату́ра	____	____
4. матема́тика	____	____
5. му́зыка	____	____
6. фи́зика	____	____
7. филосо́фия	____	____
8. хи́мия	____	____
9. эконо́мика	____	____
10. язы́к	____	____

г. You will be given a card with one of these academic subjects on it. Survey the people in your class to determine whether they find the subject **лёгкий** or **трудный**. Use the tally sheets below to record the answers that you receive. An example has been provided.

Образец:
  Студе́нт(ка) А: Биоло́гия.
  Студе́нт(ка) Б: По-мо́ему, э́то лёгкий предме́т.

When you are asked for your opinion, give a full sentence answer as above.

Како́й предме́т?	По-мо́ему, э́то лёгкий предме́т.	По-мо́ему, э́то тру́дный предме́т.
биоло́гия	✓✓✓	✓✓✓✓✓✓✓
ИТОГО́	4	10

д. Listen for your teacher to ask about the academic subject on which you polled your classmates and report your findings to the class.

е. As other students report their answers, fill in the numbers that you hear.

	По-мо́ему, э́то лёгкий предме́т.	По-мо́ему, э́то тру́дный предме́т.
исто́рия		
литерату́ра		
му́зыка		
филосо́фия		
язы́к		
ИТОГО́		

	По-мо́ему, э́то лёгкий предме́т.	По-мо́ему, э́то тру́дный предме́т.
биоло́гия		
матема́тика		
фи́зика		
хи́мия		
эконо́мика		
ИТОГО́		

ж. На́ша гру́ппа — "фи́зики" и́ли "ли́рики"?

3.5 Задание 9. Что? Direct Objects

Work with a partner to choose a logical direct object from the word bank to complete the sentences below. Then place a check mark in the appropriate column to indicate whether the word you chose is singular or plural. Do not use any word more than once. Read the sentences aloud as you work.

география	географию	задание
задания	отношение	отношения
упражнение	упражнения	фотография
	фотографии	

                                                                    Singular **Plural**

1. Я всегда́ пишу́ дома́шние _____. ____ ____
2. Я пло́хо зна́ю _____. ____ ____
3. Я ре́дко де́лаю _____. ____ ____
4. Я изуча́ю междунаро́дные _____. ____ ____
5. Я сейча́с де́лаю _____. ____ ____

🎧 3.5 Задание 10. Что они изучают?

Your program in Russia has offered to put you in touch with students majoring in subjects of particular interest to you. Listen as your teacher reads out what each student is studying and match each student to his/her major.

1. ____ Ю́лия   а. political science
2. ____ Марк   б. languages / literatures
3. ____ Со́ня   в. geology
4. ____ Та́ня   г. chemistry
5. ____ Тиму́р   д. sociology
6. ____ Ко́ля   е. math
7. ____ А́ня   ж. history
8. ____ Са́ша   з. management
9. ____ Ни́на   и. economics

3.5 Задание 11. Какие у нас эксперты? Что мы хорошо знаем?

a. Read the following sentences and indicate how well you know that topic using the words **хорошо** and **плохо**. If you have absolutely no knowledge of the topic, you can write **совсем не** (not at all). Read your sentences aloud as you work through the exercise. Some of the sentences have unfamiliar words that may become clear as you sound them out.

1. Я _____ знаю испанск**ий** язы́**к**.
2. Я _____ знаю китайск**ий** язы́**к**.
3. Я _____ знаю францу́зск**ий** язы́**к**.
4. Я _____ знаю американск**ую** исто́р**ию**.
5. Я _____ знаю ру́сск**ую** исто́р**ию**.
6. Я _____ знаю американск**ий** поп.
7. Я _____ знаю ру́сск**ую** класси́ческ**ую** му́зык**у**.
8. Я _____ знаю американск**ую** литерату́р**у**.
9. Я _____ знаю ру́сск**ую** литерату́р**у**.
10. Я _____ знаю филосо́ф**ию**.
11. Я _____ знаю биоло́г**ию**.
12. Я _____ знаю геогра́ф**ию**.
13. Я _____ знаю матема́т**ику**.
14. Я _____ знаю хи́м**ию** (chemistry).
15. Я _____ знаю американск**ую** поли́т**ику**.
16. Я _____ знаю ру́сск**ую** поли́т**ику**.

б. <u>Вопро́с</u>: Your instructor will give you a card with the question **Ты хорошо знаешь..?** with a specific topic provided. Ask your fellow classmates how well they know your topic, and keep track of their answers in the box below. Place a check mark in the box <u>only</u> if their answer is **Я хорошо знаю** _____.

в. Count up your responses and be ready to tell the class how many people said that the knew your topic **хорошо**.

Образе́ц:
Трина́дцать хорошо знают ру́сский язы́к.

г. As the class reports on their findings, write in the numbers that you hear.

Ско́лько?

____ хорошо́ зна́ют испа́нский язы́к.

____ хорошо́ зна́ют кита́йский язы́к.

____ хорошо́ зна́ют францу́зский язы́к.

____ хорошо́ зна́ют америка́нскую исто́рию.

____ хорошо́ зна́ют ру́сскую исто́рию.

____ хорошо́ зна́ют америка́нский поп.

____ хорошо́ зна́ют ру́сскую класси́ческую му́зыку.

____ хорошо́ зна́ют америка́нскую литерату́ру.

____ хорошо́ зна́ют ру́сскую литерату́ру.

____ хорошо́ зна́ют филосо́фию.

____ хорошо́ зна́ют биоло́гию.

____ хорошо́ зна́ют геогра́фию.

____ хорошо́ зна́ют матема́тику.

____ хорошо́ зна́ют хи́мию.

____ хорошо́ зна́ют америка́нскую поли́тику.

____ хорошо́ зна́ют ру́сскую поли́тику.

3.5 Задáние 12. Что мы изучáем?

You will interview your classmates to find at least one person who is either majoring in one of these subjects or taking a class on one of them this term.

a. Prepare your list of questions by filling in the accusative endings on the subjects listed below. Since you are surveying your classmates, you will use the **ты** form in your questions. Since you are asking a general yes/no question, your intonation will need to rise on **изучáешь**. Practice reading the questions aloud as you complete the endings.

1. Ты изучáешь биолóги____?
2. Ты изучáешь геолóги____?
3. Ты изучáешь психолóги____?
4. Ты изучáешь социолóги____?
5. Ты изучáешь филосóфи____?
6. Ты изучáешь политолóги____?
7. Ты изучáешь матемáтик____?
8. Ты изучáешь эконóмик____?
9. Ты изучáешь бúзнес____?
10. Ты изучáешь мéнеджмент____?
11. Ты изучáешь англúйск____ литератýр____?
12. Ты изучáешь рýсск____ литератýр____?
13. Ты изучáешь америкáнск____ истóри____?
14. Ты изучáешь россúйск____ истóри____?
15. Ты изучáешь рýсск____ язык____?

б. Take a moment and think about how you will answer these questions for yourself. For example:

Да, я изучáю биолóгию. / Нет, я не изучáю биолóгию.

в. Use the questions on the list to survey your classmates. Note the names of your classmates next to the appropriate subjects, and be prepared to share your answers with the class using following format:

Биолóгию изучáет _____.

Биолóгию изучáют _____ и _____.

Биолóгию не изучáет никтó.

3.6 Страны и языки. Для справки (For reference)

На каком языке говорят?

Китай	Здесь говорят по-китайски.
Россия	Здесь говорят по-русски.
Испания	Здесь говорят по-испански.
Соединённые Штаты	Здесь говорят по-английски.
Саудовская Аравия	Здесь говорят по-арабски.
Бразилия	Здесь говорят по-португальски.
Япония	Здесь говорят по-японски.
Германия	Здесь говорят по-немецки.
Корея	Здесь говорят по-корейски.
Франция	Здесь говорят по-французски.
Италия	Здесь говорят по-итальянски.
Израиль	Здесь говорят на иврите.
Индия	Здесь говорят на хинди.

3.6 Задание 1. На каком языке там говорят?

a. Many of the languages above are spoken in more than one country. Do you know which ones are spoken in the following places? Fill in the blank with the appropriate language, reading aloud as you work.

1. В Египте говорят _Arabic_.
2. В Португалии говорят _Portuguese_.
3. В Англии говорят _English_.
4. В Австралии говорят _English_.
5. В Аргентине говорят _Spanish_.
6. В Ираке говорят _Arabich_.
7. В Республике Конго и Чаде говорят _French_.
8. В Беларуси и Казахстане многие говорят _Russian_.

б. Compare your answers with another student. Do you agree?

🎧 3.6 Задание 2. Где на каком языке говорят?

You will be shown a map with several countries labeled with numbers. Your will also hear statements about languages (e.g., **Здесь говорят по-английски.**). Fill in the number of a country where that language is considered an official language or is spoken very widely.

а. ____		в. ____		д. ____		ж. ____
б. ____		г. ____		е. ____		з. ____

3.6 ЗАДА́НИЕ 3. КТО НА КАКО́М ЯЗЫКЕ́ ГОВОРИ́Т?

a. You are at a party in the **филологи́ческий факульте́т** where there are a large number of international students. Listen to the description of who speaks which languages, and write the corresponding letters after the speaker's name. All of the students speak multiple languages so you will use most of the answers more than once.

1. Андре́ас говори́т…
2. Ко́лин говори́т…
3. Ма́ркус говори́т…
4. На́дя говори́т…
5. Са́нако говори́т…
6. Хуа́н говори́т…
7. Элизабе́т говори́т…

- а. на хи́нди.
- б. по-англи́йски.
- в. по-ара́бски.
- г. по-испа́нски.
- д. по-италья́нски.
- е. по-кита́йски.
- ж. по-коре́йски.
- з. по-неме́цки.
- и. по-португа́льски.
- к. по-ру́сски.
- л. по-францу́зски.
- м. по-япо́нски.

б. Look over your information and figure out who can talk easily with whom at this party, and in which language(s). Complete the sentences, working with a partner. As you work, take turns reading the sentences aloud.

1. Неплоха́я па́ра — _Андреас_ и _Элизабет_. Ведь они́ говоря́т _итальянски_.
2. Ещё одна́ (another) па́ра — _Хуан_ и _Элизабет_. Ведь они́ говоря́т _немецки_.
3. И ещё одна́ па́ра — _Хуан_ и _Колин_ — они́ говоря́т _китайски_.
4. _Колин_, _Маркус_ и _Санако_ — все говоря́т _английски_.
5. _Маркус_, _Надя_ и _Санако_ — все говоря́т _русски_.

3.6 Задáние 4. Инфинитѝвы
Match the verb stems to their infinitives.

1. ____ читáй-   а. говорѝть
2. ____ слýшай-   б. гулять
3. ____ пиш-   в. дéлать
4. ____ рабóтай-   г. дýмать
5. ____ понимáй-   д. жить
6. ____ говор-   е. читáть
7. ____ дýмай-   ж. игрáть
8. ____ игрáй-   з. изучáть
9. ____ смотр-   и. любѝть
10. ____ изучáй-   к. отдыхáть
11. ____ люб-   л. писáть
12. ____ гуляй-   м. понимáть
13. ____ отдыхáй-   н. рабóтать
14. ____ дéлай-   о. слýшать
15. ____ жив-   п. смотрéть

3.6 Задáние 5. Э́то вéрно или невéрно?

a. Read the statements below and place a check mark next to any that are true for you.

____ Я люблю́ изучáть инострáнные языки́.

____ Легкó говори́ть по-рýсски.

____ Интерéсно читáть америкáнскую литератýру.

____ Я не люблю́ убирáть кóмнату.

____ Трýдно писáть интерéсные сочинéния и по-рýсски, и по-англи́йски.

____ Трýдно изучáть математику.

____ Ужáсно слýшать метáлл.

____ Трýдно понимáть по-рýсски.

б. Compare your answers with a partner. Each of you should read the statements that are true for you aloud. Take note of your partner's responses as you will need to summarize them for the class using the following formula:

_____ дýмает, что ... OR _____ лю́бит ...

Уро́к 3: часть 3

3.7 Зада́ние 1. Где они́ живу́т?

a. Work with a partner to review where our American students live. Based on the context provided, circle the correct country and then write the appropriate name in the blank. Read your answers aloud to one another as you work through the exercise.

1. В Аме́рике / В Росси́и   _____   живёт в Калифо́рнии.

2. В Аме́рике / В Росси́и   _____   живёт в Каза́ни.

3. В Аме́рике / В Росси́и   _____   живёт в Теха́се.

4. В Аме́рике / В Росси́и   _____   живёт в Ога́йо.

5. В Аме́рике / В Росси́и   _____   живёт в Петербу́рге.

6. В Аме́рике / В Росси́и   _____   живёт в Нью-Йо́рке.

7. В Аме́рике / В Росси́и   _____   живёт в Яросла́вле.

8. В Аме́рике / В Росси́и   _____   живёт в Ирку́тске.

б. Now, sum up what you know:

1. В Аме́рике Ке́йтлин живёт в _____, в го́роде _____, а в Росси́и она́ живёт в _____.

2. В Аме́рике Джош живёт в _____, в го́роде _____, а в Росси́и он живёт в _____.

3. В Аме́рикеАма́нда живёт в _____, в го́роде _____, а в Росси́и она́ живёт в _____.

4. В Аме́рике То́ни живёт в _____, в го́роде _____, а в Росси́и он живёт в _____.

3.7 Задание 2. Где что находится? В какой стране? (In Which Country?)

Draw lines to match the large city to the country in which it is located. Some of the geographical place names may become clearer if you read them aloud.

Какой город находится...   **где?**

1. Берлин находится...   в Индии.
2. Рим находится...   в Китае.
3. Сеул находится...   в Бразилии.
4. Париж находится...   в Испании.
5. Токио находится...   в Италии.
6. Шанхай находится...   в Германии.
7. Мадрид находится...   в Японии.
8. Лондон находится...   в Южной Корее.
9. Рио-де-Жанейро находится...   в Англии.
10. Дели находится...   во Франции.

3.7 Задание 3. Бывший СССР (Former USSR). Где находятся эти города?

There are many cities that were part of the USSR but are no longer within the borders of the Russian Federation. Your teacher will give you a card with information about one of the cities below. You will need to ask your classmates questions to find out information about the other cities. Fill in the blanks with the number corresponding to the country in which the city is located. You may need to use some numbers more than once. Two answers have been provided to get you started.

— Москва находится в России?   →   — Да, в России.
— Душанбе находится в России?   →   — Нет, не в России, а в Таджикистане.
If you do not know where the city is   →   — Я не знаю.

1 = в Армении	4 = в России	7 = на Украине
2 = в Беларуси	5 = в Таджикистане	8 = в Эстонии
3 = в Латвии	6 = в Узбекистане	9 = в Грузии

1. Москва находится _4_.
2. Таллин находится _8_.
3. Ташкент находится _6_.
4. Омск находится _4_.
5. Киев находится _7_.
6. Минск находится _2_.
7. Душанбе находится _5_.
8. Тбилиси находится _9_.
9. Одесса находится _7_.
10. Ереван находится _1_.
11. Рига находится _3_.
12. Владивосток находится _4_.

🎧 3.7 ЗАДА́НИЕ 4. Росси́йская Федера́ция и её города́. Европе́йская часть РФ

a. When you are told where someone lives in the Russian Federation, you may find it hard to catch the city name, because the preposition **в** is pronounced together with the city as though it were one word. Listen as your teacher tells you about where the people below live. As you listen, write the number for the person next to the city where s/he lives.

1. Ни́на
2. Анто́н
3. Са́ша
4. Людми́ла Васи́льевна
5. Марк
6. Ле́на
7. Никола́й Петро́вич
8. Та́ня

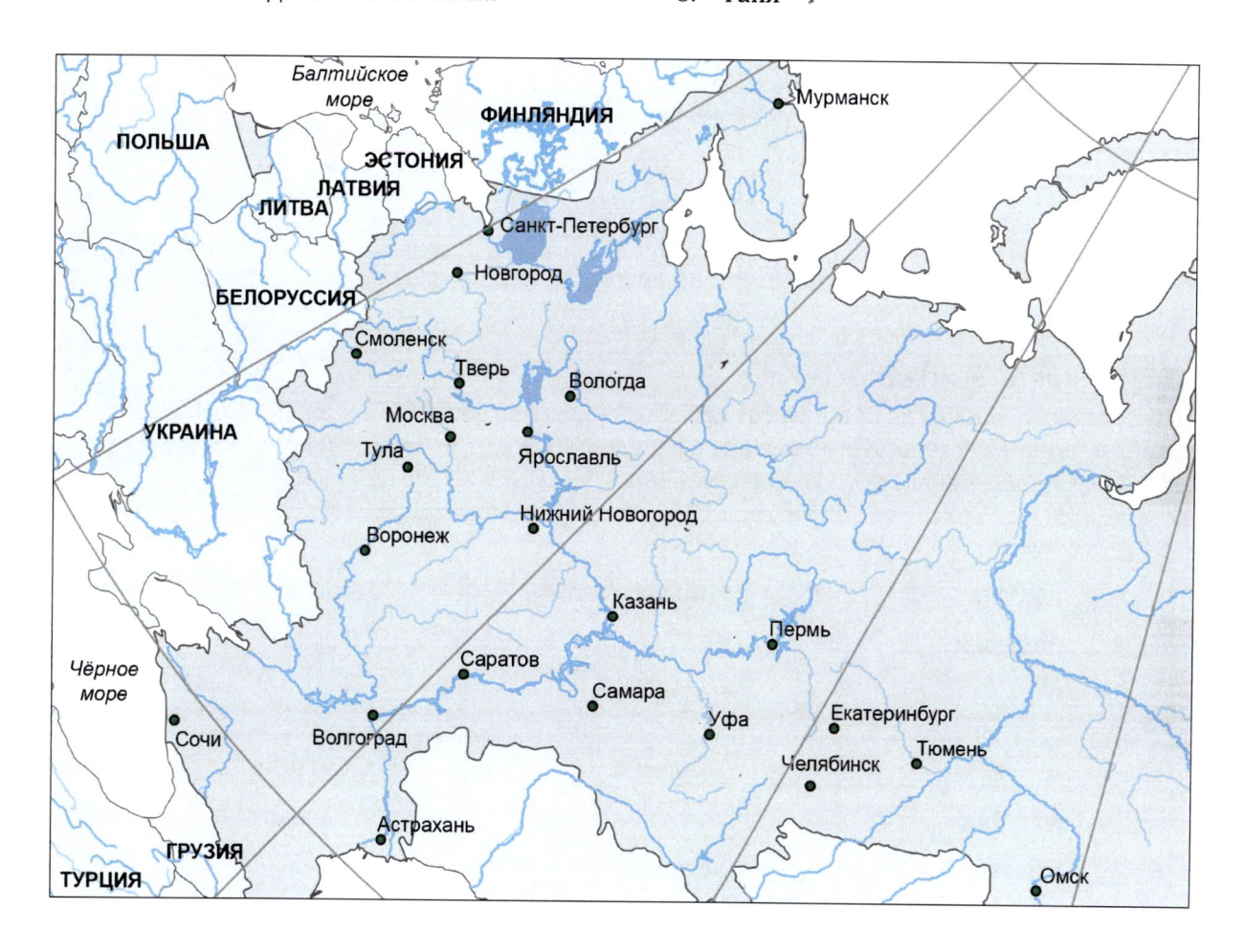

Между нами: Рабо́та в аудито́рии

Уро́к 3: часть 3   143

6. Now you will work more with the the names of the Russian cities you heard your instructor read above. Fill in the missing letters to complete both the **словарная форма** (dictionary form) and the **где?** (where?) form. Some have been done for you. If no ending is needed, write ø.

словарная форма	где?
1. Уфа́___	в Уфе́___
2. Волгогра́д___	в Волгогра́де
3. Сара́тов___	в Сара́тов___
4. Твер___	в Твери́
5. Екатеринбу́рг___	в Екатеринбу́рге
6. Ту́л___	в Ту́ле
7. Воро́неж	в Воро́неж___
8. Во́логд___	в Во́логд___

3.7 ЗАДА́НИЕ 5. SENTENCE SCRAMBLE

Each box below contains all of the words necessary to make a complete sentence. Work with a partner to order each set of words to make a logical sentence. The first one has been done for you. Read your sentences aloud as you complete them.

_1_ музе́й	___ го́роде	___ кварти́ре
_4_ це́нтре	___ университе́т	___ сосе́дка
_2_ нахо́дится	___ в	___ сейча́с
_3_ в	___ нахо́дится	___ в
___ в	___ Та́ллин	___ Сиби́ри
___ маши́на	___ в	___ нахо́дится
___ гараже́	___ Эсто́нии	___ Омск
___ нахо́дится	___ нахо́дится	___ в

🎧 3.7 Задáние 6. Какóй звук (sound): [в] и́ли [ф]?

Listen to your teacher read the phrases below. Write in the letter **ф** over any **в** that is devoiced.

1. в Амéрике
2. в Казáни
3. в гóроде
4. в Петербýрге
5. в Росси́и
6. в Уфé
7. в Смолéнске
8. в Ярослáвле
9. в Калифóрнии

3.7 Задáние 7. Звóнкие и глухи́е соглáсные (Voiced and Voiceless Consonants)

Complete the table by filling in the missing letters.

звóнкие	глухи́е
б	
	ф
	к
д	
	ш
з	
-	х
-	ц
-	ч
-	щ

3.7 ЗАДА́НИЕ 8. ВЫ ХОРОШО́ ЗНА́ЕТЕ ГЕОГРА́ФИЮ?

Вы хорошо́ зна́ете геогра́фию? Вы зна́ете, где нахо́дятся э́ти города́ и стра́ны? Work with a partner, reading the sentences aloud as you complete them.

____	1. Москва́ нахо́дится	а.	в А́нглии.
____	2. Берли́н нахо́дится	б.	в Ю́жной Кароли́не.
____	3. Ло́ндон нахо́дится	в.	в Массачу́сетсе.
____	4. Чика́го нахо́дится	г.	в Сиби́ри.
____	5. Фа́рго нахо́дится	д.	в Ита́лии.
____	6. Пари́ж нахо́дится	е.	в Росси́и.
____	7. Ита́лия нахо́дится	ж.	в Се́верной Дако́те.
____	8. Сан-Франци́ско нахо́дится	з.	в Иллино́йсе
____	9. Бо́стон нахо́дится	и.	в Евро́пе.
____	10. Рим нахо́дится	к.	в Герма́нии.
____	11. Ча́рльстон нахо́дится	л.	в Калифо́рнии.
____	12. Ирку́тск нахо́дится	м.	во Фра́нции.

3.7 Задáние 9. Где реклáма (advertisements)?

The agency where Svetlana Borisovna works has a graphic about where it can place ads. Complete the table below the graphic by filling in the information on the left, and the Russian words from the ad on the right. Start with the phrase "**Рекла́ма в пре́ссе**" and work clockwise.

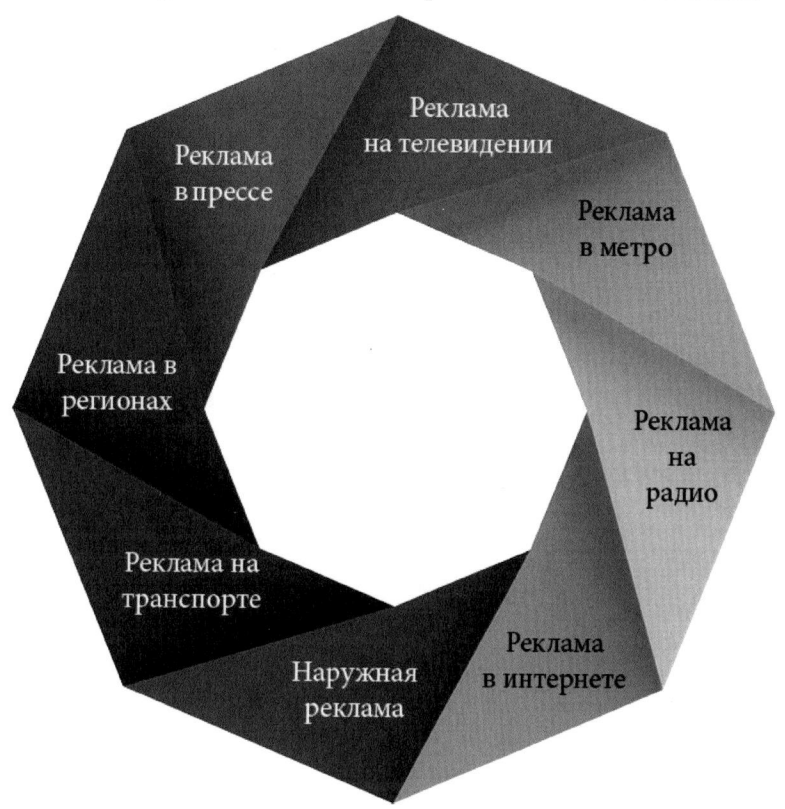

	Ads can be placed...	Как э́то по-ру́сски? [*Do not forget the* в/на.]
1.	in the _____	_____
2.	on _____	_____
3.	in the _____	_____
4.	on the _____	_____
5.	on the _____	_____
6.	outdoors / exterior ads	нару́жная рекла́ма
7.	on _____	_____
8.	in regions (of Russia)	в регио́нах

Why do the prepositional case forms of **метро́** and **ра́дио** not end in -**e** in this notice?

    а. Neuter nouns do not change in the prepositional case.

    б. These words are neuter, and neuter nouns never change.

    в. These words are borrowed and therefore indeclinable.

    г. It is completely unpredictable; the prepositional forms just happen to end in -**o**.

3.7 Задание 10. Где можно найти эти вещи? (Where Can You Find These Things?)

Brainstorm with a partner about all the places where you could find the items listed below. Try to come up with at least four potential locations for each item using words you already know. When you have finished, compare your answers with another group.

0. учитель — <u>в школе, в классе, на работе</u>
1. слова — _____
2. удобное кресло — _____
3. учебники — _____
4. стол — _____
5. туалет — _____

3.7 Задание 11. Где они сейчас находятся? (Работа в паре)

During a mid-semester break, our characters have a chance to travel. Your teacher will give you a card containing some information about what city or country each person is now visiting. Fill in the blanks by asking your fellow students appropriate questions following this model:

— Где сейчас _____?

— ____ сейчас в _____.

a. Write in what you find out in Russian. Remember to use **в** + prepositional case.

Наталья Михайловна сейчас...   ___ _____

Денис Гурин сейчас...   ___ _____

Зоя Степановна сейчас...   ___ _____

Абдуловы сейчас...   ___ _____

Аманда сейчас...   ___ _____

Тони сейчас...   ___ _____

Кейтлин сейчас...   ___ _____

Джош сейчас...   ___ _____

6. When you have all the information on where the characters are located, fill in the dictionary forms of the place names that you have encountered.

слова́рная фо́рма (Nominative case)	locational form (в + prepositional case)
_____	в Петрозаво́дске
_____	в Су́здале
_____	в А́нглии
_____	в О́ксфорде
_____	в Ту́рции
_____	в Ки́еве
_____	в Пра́ге
_____	в Ита́лии
_____	в Берли́не

Which of the characters is closest to Moscow? _____

3.8 Текст «Джош на уроке»

You will need to read this episode online and fill out the text matrix in Упражнéние A of the Домáшние задáния before coming to class.

Пéрвый день в институ́те. В аудитóрии Джош и егó нóвый преподавáтель Ири́на Алексéевна.

Джош пи́шет сочинéние. Тéма «Немнóго о себé».

Немнóго о себé

Меня́ зову́т Джóшуа, фами́лия Стайн. Я живу́ в Нью-Йóрке. Моя́ семья́ живёт в гóроде Порт-Вашингтóне.

Я учу́сь в университéте в Нью-Йóрке. Я изучáю эконóмику и эколóгию. Я неплóхо игрáю на саксофóне и óчень люблю́ игрáть джаз. В университéте я игрáю в музыкáльном ансáмбле.

Мой отéц рабóтает в большóй фи́рме, а мáма — в городскóй библиотéке.

Мои́ млáдшие брáтья Дэ́вид и Бен у́чатся в шкóле: Дэ́вид у́чится в деся́том клáссе, а Бен — в шестóм, он ещё мáленький.

В Нью-Йóрке я живу́ в общежи́тии. Жить в квартúре в райóне, где нахóдится университéт, дóрого.

Здесь в Ирку́тске америкáнские студéнты живу́т в семья́х. Тóлько аспирáнты живу́т в общежи́тии. Я живу́ в хорóшей большóй квартúре в цéнтре. Хозя́йка рабóтает в реклáмном агéнстве.

В Амéрике все ду́мают, что Ирку́тск óчень далекó и что здесь óчень хóлодно. А я ду́маю, что здесь всё отли́чно. Э́то замечáтельный гóрод. Óчень здесь нрáвится.

Ири́на Алексéевна:	Джош, вы óчень хорошó пи́шете по-ру́сски. Вы — молодéц. У меня́ таки́е вопрóсы. Где нахóдится Порт-Вашингтóн?
Джош:	В штáте Нью-Йóрке. Порт-Вашингтóн и гóрод Нью-Йóрк óчень бли́зко друг от дрýга.
Ири́на Алексéевна:	Спаси́бо, тепéрь поня́тно. Вы не пи́шете, на какóм ку́рсе вы у́читесь.
Джош:	Я учу́сь на трéтьем ку́рсе.
Ири́на Алексéевна:	А в какóм университéте вы у́читесь?
Джош:	Я учу́сь в Колумби́йском университéте.

3.8 Задание 1. Джош пишет сочинение

Match the first half of the sentences with the correct conclusion based on what Josh writes in his composition. Work with a partner and read the complete sentences aloud.

____	1. Ирина Алексеевна —	а.	на третьем курсе.
____	2. Его семья живёт ...	б.	в городской библиотеке.
____	3. Джош учится ...	в.	что в Иркутске очень холодно.
____	4. Его отец работает ...	г.	его новый преподаватель.
____	5. Его брат Дэвид учится ...	д.	экономику и экологию.
____	6. Его мама работает ...	е.	живут в семьях.
____	7. Он изучает ...	ж.	играет на саксофоне.
____	8. Его брат Бен ...	з.	в большой фирме.
____	9. Он неплохо ...	и.	в десятом классе.
____	10. Он любит ...	к.	в городе Порт-Вашингтоне.
____	11. В Иркутске американские студенты ...	л.	ещё маленький.
____	12. В Америке все думают, ...	м.	играть джаз.

3.8 Задание 2. Где? В Америке или в России?

Brainstorm with a partner to come up with at least three ways to finish the sentences about Josh's life. If you get stuck, you can flip back and check the text, but try to work from memory. One pair of sentences has been done for you.

В Америке...	А в России...
Джош живёт в Нью-Йорке.	Джош живёт в Иркутске.

3.8 Задáние 3. Расскáз по картинкам (A Story in Pictures)

Use the pictures as a guide to summarize the main facts of Josh's life. Your teacher may assign you to work on a specific picture with a partner. Write in as many facts as you can in the allotted time, and be ready to report to the class on your part of the story.

3.8 Задáние 4. Кто э́то говори́т?

Read each statement on the left aloud and indicate which character probably (**наве́рное**) said it.

Образе́ц: Моя́ ста́ршая сестра́ Са́ндра у́чится в О́ксфорде.   Э́то, наве́рное, ___То́ни Мора́лес___.

| Джо́шуа Стайн | Ри́мма Ю́рьевна | Ке́йтлин Бра́унинг |
| Ама́нда Ли | Ли́за Гу́рина | Дени́с Гу́рин |

Что говоря́т?   **Кто э́то говори́т?**

1. Я учу́сь в шко́ле.   Э́то, наве́рное, _____.

2. Мы у́чимся в Росси́и.   Э́то, наве́рное, _____.

3. Мои́ бра́тья у́чатся в шко́ле.   Э́то, наве́рное, _____.

4. В Аме́рике я учу́сь в Нью-Йо́рке.   Э́то, наве́рное, _____.

5. Моя́ мла́дшая сестра́ у́чится в шко́ле.   Э́то, наве́рное, _____.

6. То́ни, где ты у́чишься в Аме́рике?   Э́то, наве́рное, _____.

7. Дени́с, в како́м кла́ссе у́чится твоя́ сестра́?   Э́то, наве́рное, _____.

8. Ке́йтлин, где вы у́читесь в Аме́рике?   Э́то, наве́рное, _____.

9. Мони́к, где ты у́чишься во Фра́нции?   Э́то, наве́рное, _____.

3.8 Задание 5. Где они учатся? Где они работают?

a. Match the beginning of each sentence on the left with its logical completion on the right. Read the completed sentences aloud as you work.

1. ____ Бен Стайн учится...
2. ____ Сандра Моралес учится...
3. ____ Джош учится...
4. ____ Аманда Ли учится...
5. ____ Дэвид Стайн учится...
6. ____ Денис Гурин учится...
7. ____ Мать Джошуа работает...
8. ____ Отец Джошуа работает...
9. ____ Антонио Моралес учится...

a. в Колумбийском университете.
б. в городской библиотеке.
в. в шестом классе.
г. в большой фирме.
д. в Оксфордском университете.
е. на третьем курсе.
ж. в Московском университете.
з. в десятом классе.
и. в Европейском университете.
к. в Ярославском университете.
л. в хорошей квартире.

б. Now go back and circle all of the prepositional case adjective-noun phrases above. Based on what you see, what are the adjective endings for prepositional case? Write the regular endings on the left and the soft-series/ spelling rule endings on the right. Use one letter per blank.

Masculine/Neuter Adjectives: -____ ____   OR   -____ ____

Feminine Adjectives: -____ ____   OR   -____ ____

3.8 Задáние 6. Где они́ у́чатся? Где они́ рабóтают?

a. Work with a partner to search Задáние 4 and Задáние 5 for all of the forms of the verb "to be a student/pupil." Fill in the missing letters below. Then check your work as your teacher reads all of the forms aloud.

я	у___́__ с__	мы	у́ ч ___ ___ ___
ты	у́ ___ ___ ___ ь ___ ___	вы	у́ ___ и ___ ___ с ___
он(á)	у́ ч ___ ___ с я	они́	у́ ч ___ т ___ ___

б. Now fill in the missing letters in this dialog. Read each sentence aloud as you work.

Амáнда: Меня́ зову́т Амáнда. Я уч___́с___ в Петербу́рге.

Олéг: Кáтя, где уч___т___я Амáнда и Монúк?

Зóя Степáновна: Тóни, где вы учи___ ___ ___ь в Амéрике?

Монúк: Амáнда, где ты уч___ ___ ___ся в Калифóрнии?

3.8 Задáние 7. На какóм ку́рсе ты у́чишься / вы у́читесь?

1. Place a check mark next to the sentence that applies to you. Practice saying the sentence to yourself.

   ____ Я учу́сь на пéрвом ку́рсе.

   ____ Я учу́сь на вторóм ку́рсе.

   ____ Я учу́сь на трéтьем ку́рсе.

   ____ Я учу́сь на четвёртом ку́рсе.

2. Ask other students in your group or class what year they are in and record their answers by placing a check mark in the appropriate box.

   — На какóм ку́рсе ты у́чишься? — Я учу́сь на пéрвом ку́рсе.

   — Я учу́сь на вторóм ку́рсе. (etc.)

freshman	sophomore	junior	senior

🎧 3.8 Задáние 8. Немнóго о сосéдях: в какóм клáссе они́ ýчатся? Где они́ живýт?

Svetlana Borisovna tells Josh about the kids who always play outside in the courtyard. Write in the information that he learns about each of them in English. Shaded areas will not be mentioned.

	is in the ___ grade	lives on the ___ floor (этáж)	lives in apt #
Кóля		▓▓▓	
Áня			▓▓▓
Натáша			▓▓▓
Волóдя		▓▓▓	

3.9 Задание 1. Комната Джоша раньше (FORMERLY, BEFORE)

To be approved as a home-stay host, Svetlana Borisovna had to describe the room she was planning to use for her student. She is convinced that it is a great room. Working with a partner, take turns reading the sentences aloud and completing her description. There are two extra words in the word bank that will not be used.

Светла́на Бори́совна: Э́то хоро́шая _____, больша́я и _____. Крова́ть но́вая, _____ большо́й. На _____ ту́мбочке — ла́мпа, а на второ́й ту́мбочке — _____ телеви́зор. На _____ по́лке — словари́ и _____ рома́ны. В _____ — полоте́нца. Всё о́чень _____.

аккура́тно	большо́м	кни́жной
ко́мната	кре́сло	ма́ленький
пе́рвой	ру́сские	све́тлая
шкаф		шкафу́

🎧 3.9 Задáние 2. Как на картѝнке? Кóмната Джóша

Your teacher will read a phrase. Decide whether or not it accurately describes the picture of Josh's room, and place a check mark in the appropriate column— **Э́то вéрно** or **Э́то невéрно**.

	Э́то вéрно.	Э́то невéрно.
1.	____	____
2.	____	____
3.	____	____
4.	____	____
5.	____	____
6.	____	____
7.	____	____
8.	____	____

3.9 Зада́ние 3. Что на како́й карти́нке?

For this activity, you will work with a partner to describe the pictures below. As the pictures are very similar, your partner will have to study the pictures carefully to know which one you are describing. You should make a statement about where something is located and your partner should then say whether you are describing something in picture **A** (**на карти́нке А**) or in picture **Б** (**на карти́нке Б**). Take turns until you have described all the objects in both rooms.

Образе́ц: Студе́нт 1:   Ко́шка на дива́не.

   Студе́нт 2:   Ко́шка на дива́не на карти́нке А.

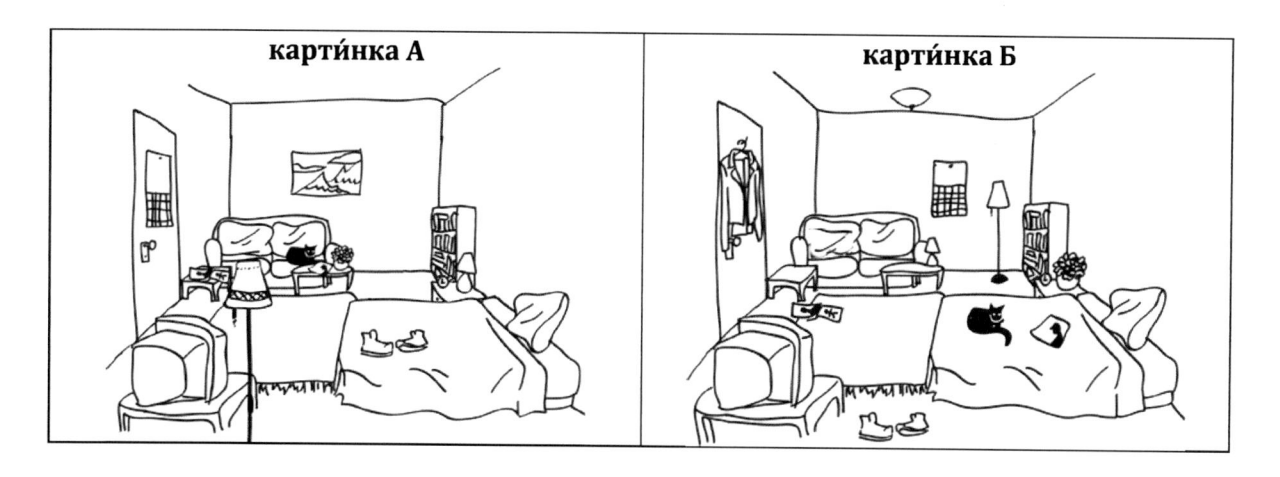

карти́нка А   карти́нка Б

3.9 Зада́ние 4. Почему́ Светла́на Бори́совна в у́жасе?

In this episode Svetlana Borisovna tells her daughter about how messy Josh's room is. Describe where Josh puts the objects below (plus any other objects you may need to mention) to explain why she is so horrified.

В ко́мнате, где живёт Джош,...

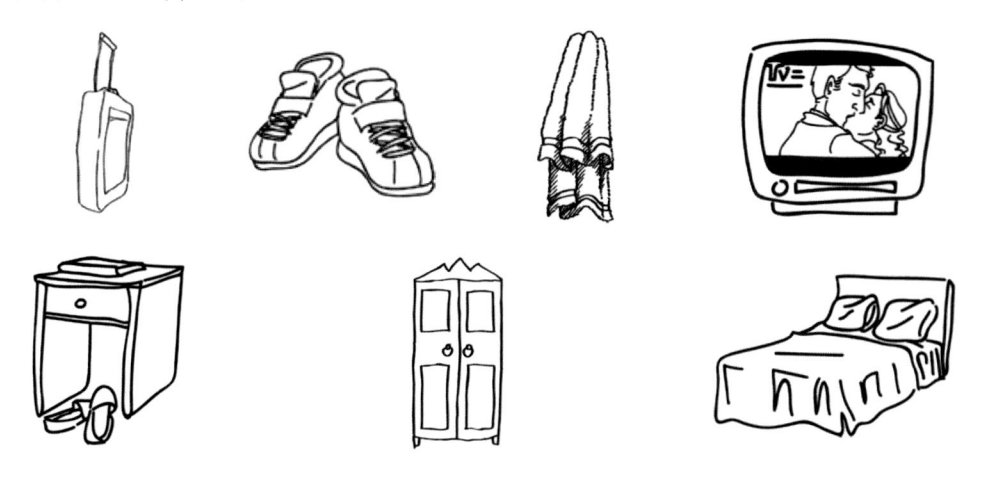

Между нами: Рабо́та в аудито́рии

3.9 ЗАДАНИЕ 5. ГДЕ МОЖНО…? (В или НА?)

Take turns asking and answering the following questions with a partner using the cues provided at the bottom of the page. Your answers will be made up of one of the prepositions on the left plus the appropriate form of a word on the right. Remember that **на** is used with things on a surface and with events, like work, a lecture or a concert.

0. Где можно читать книги?

   <u>в библиотеке / на кровати / в школе</u>

1. Где можно слушать классическую музыку?
   _____

2. Где находится компьютер?
   _____

3. Где можно слушать интересную информацию?
   _____

4. Где учатся дети?
   _____

5. Где учатся студенты?
   _____

6. Где студенты делают домашние задания?
   _____

в **на**	сумка концерт университет работа лекция пол комната	школа библиотека рюкзак стол машина кровать общежитие

3.9 Задáние 6. Sentence Puzzle

a. Work with a partner to make as many logical sentences about the characters in our story as you can. Choose an element from each column and count off your sentences as you say them aloud. Combining subjects in the left-hand column is allowed. Remember to choose the adjective form that matches the gender of the noun you choose in the **где?** column.

Кто?	Что они́ де́лают?	Где?	
Ама́нда Ке́йтлин То́ни Джош Светла́на Бори́совна Абду́ловы Зо́я Степа́новна Ка́тя Дэ́вид Стайн оте́ц Джо́шуа Дени́с	живёт живу́т рабо́тает рабо́тают у́чится у́чатся игра́ет игра́ют	в на	но́в**ом** но́в**ой** ста́р**ом** ста́р**ой** хоро́ш**ем** хоро́ш**ей** плох**о́м** плох**о́й** больш**о́м** больш**о́й** удо́бн**ом** удо́бн**ой** тре́ть**ем** шест**о́м** деся́т**ом** бе́л**ом** музыка́льн**ом** рекла́мн**ом** Европе́йск**ом** Моско́вск**ом** Яросла́вск**ом** Каза́нск**ом** Колумби́йск**ом**	анса́мбле до́ме инструме́нте кварти́ре кла́ссе ко́мнате ку́рсе общежи́тии университе́те фи́рме аге́нстве *Add your own!*

б. Your teacher may ask you to work in teams to play the following game.

Teams will take turns reading sentences aloud, with 5 seconds allotted to give a single sentence. Each team gets 1 point for a factually correct sentence, and an additional point if the sentence is grammatically correct. If a team gives a sentence that another team has already used, no point are granted. The team with the highest point total at the end of the allotted time wins!

3.9 Задание 7. Кого что интересует?

A group of Russian and American students is attending a workshop together and is being housed in four-person dormitory suites. Based on what you learn about them from your instructor you will need to decide how best to divide the students up among the two rooms.

a. You will receive some information from your instructor about one of the students listed below. Copy that information directly into the appropriate boxes.

б. Now ask your classmates questions to gather the information you need to fill out the rest of the chart. Here are some models for your questions and answers.

— _____ играет в футбол?
— Да, он(а) играет в футбол…

— _____ играет на инструменте?
— Да, он(а) играет на _____.

— Какую музыку слушает _____?
— Он(а) слушает _____.

	Спорт	Музыка	
Кто?	Он(а) играет в… Он(а) любит…	Он(а) играет на инструменте?	Какую музыку он(а) слушает?
Антон			
Лора			
Нина			
Дэвид			
Дима			
Сьюзан			
Джейсон			
Соня			

в. Каки́е у вас гру́ппы? Review the information that you have gathered with a partner and decide who should live with whom. Write the names in the columns below.

Гру́ппа № 1:	Гру́ппа № 2:

г. Почему́? Be ready to explain your choices using the following models:

Я ду́маю, что / Мы ду́маем, что в пе́рвой гру́ппе – …

По-мо́ему, / По-на́шему, во второ́й гру́ппе – …

Между нами: Рабо́та в аудито́рии

Image Information

3.7 Задáние 4. Росси́йская Федерáция и её городá: европéйская часть РФ
Map created by Di Shi, Director of Cartographic Services Lab, University of Kansas. Released under a CC BY license.

3.7 Задáние 9. Где реклáмы? (advertisements)?
"Rainbow-colors-colors-spectrum-153229"is in the public domain. https://pixabay.com/en/rainbow-colors-colors-spectrum-153229/. Modifications and additions by Jonathan Perkins. Last accessed 5/20/16.

Уро́к 4: часть 1

🎧 4.1 Зада́ние 1. Э́то ве́рно и́ли неве́рно?

Place a check mark in the appropriate column to indicate whether the sentence you hear accurately describes the object shown in the drawing.

	Да, э́то ве́рно.	Нет, э́то неве́рно.		Да, э́то ве́рно.	Нет, э́то неве́рно.
1.	___	___	6.	___	___
2.	___	___	7.	___	___
3.	___	___	8.	___	___
4.	___	___	9.	___	___
5.	___	___	10.	___	___

Между нами: Рабо́та в аудито́рии

🎧 4.1 Задание 2. У вас есть..?

Read the sentences below. Then your instructor will show you a presentation consisting of pictures of some household objects. They will not be shown in the order listed below. As you watch and listen, find the word for the object on the list, and check whether you personally have the object here at school. Circle **в комнате** if you live in a dorm room and **в квартире** if you live in an apartment.

____ У меня [**в комнате** / **в квартире**] есть холодильник.

____ У меня [**в комнате** / **в квартире**] есть миксер.

____ У меня [**в комнате** / **в квартире**] есть блендер.

____ У меня [**в комнате** / **в квартире**] есть кресло.

____ У меня [**в комнате** / **в квартире**] есть пылесос.

____ У меня [**в комнате** / **в квартире**] есть кофеварка.

____ У меня [**в комнате** / **в квартире**] есть микроволновка.

____ У меня [**в комнате** / **в квартире**] есть чайник.

____ У меня [**в комнате** / **в квартире**] есть тостер.

____ У меня [**в комнате** / **в квартире**] есть кастрюля.

____ У меня [**в комнате** / **в квартире**] есть лампа.

____ У меня [**в комнате** / **в квартире**] есть тумбочка.

____ У меня [**в комнате** / **в квартире**] есть шкаф.

____ У меня [**в комнате** / **в квартире**] есть стол.

____ У меня [**в комнате** / **в квартире**] есть письменный стол.

____ У меня [**в комнате** / **в квартире**] есть кровать.

____ У меня [**в комнате** / **в квартире**] есть стиральная машина.

____ У меня [**в комнате** / **в квартире**] есть вентилятор.

____ У меня [**в комнате** / **в квартире**] есть комод.

____ У меня [**в комнате** / **в квартире**] есть утюг.

____ У меня [**в комнате** / **в квартире**] есть ковёр.

4.1 Задание 3. У кого есть что?

Your teacher will hand you one or more picture cards for this activity. You will need to listen carefully and be ready hold up your card when your word is called out or described.

4.1 Задание 4. Шарады

Now you will get a different picture card. Do not show it to anyone. You will need to act out your word for your group or for the class without saying anything.

4.1 Задáние 5. Какóе слóво лúшнее (extra)?

Read the four words in each set aloud, and cross out the word that you think does not belong with the others. For some word sets, there could be more than one possible answer, so be ready to explain your choice in English.

кровáть комóд пúсьменный стол ~~утю́г~~	кастрю́ля ~~стирáльная машúна~~ шкаф пúсьменный стол
кýртка кроссóвки шáпка ~~шкаф~~	утю́г стирáльная машúна ~~мúксер~~ пылесóс
блéндер ~~ковёр~~ тóстер мúксер	~~утю́г~~ зéркало картúна лáмпа

🎧 4.1 Задáние 6. У когó есть что?

Now you will watch a presentation about a student and her new housemates. As you watch the presentation, match the Russian dictionary-form pronoun on the left to its "having expression" equivalent on the right.

1. ___ я   а. у неё
2. _в_ ты   б. у них
3. ___ он   в. у нас
4. _е_ онá   г. у когó
5. ___ мы   д. у негó
6. _ж_ вы   е. у тебя́
7. _б_ онú   ж. у вас
8. ___ кто   з. у меня́

4.1 Задáние 7. У когó есть что?

Now imagine that the students from the previous exercise have received some items from home or have pooled their money to go shopping. Use **у** + pronoun to explain what the students have. Your teacher may ask you to write out the sentences or just to prepare them orally. The first one has been done for you.

0. Это Джош. — <u>У негó есть саксофóн.</u>

1. Это Нúна. — *У неё есть пылесос*

2. Это Джон и Кéвин. — *У них есть комод*

3. Это Кейт. — *У неё есть кресло*

4. Это Джесс. — *У неё есть блендер и вен[тилятор]*

5. Это Джейк. —

6. Это я и Кейт. — *У*

4.1 Задáние 8. У тебя́ есть..?

a. Prepare a set of at least 6 questions that you can ask to find out what household items your classmates own.

У тебя́ есть _____ ?

У тебя́ есть _____ ?

У тебя́ есть _____ ?

У тебя́ есть _____ ?

У тебя́ есть _____ ?

У тебя́ есть _____ ?

б. Now ask a partner your questions, remembering that when you ask the question **У тебя́ есть..?** the key word in the Russian sentence will be **есть** and your intonation will rise sharply on it.

Record your classmate's answers finishing the sentence:

У него́ есть...

У неё есть...

If you have something in common you can say:

У нас есть...

У него́ есть... / У неё есть...	У нас есть...

If you have extra time, find out if your teacher has any of these things by asking them **У вас есть..?**

Между нами: Рабо́та в аудито́рии

4.1 Задáние 9. Что нáдо купи́ть?

Work with a partner to decide what household objects you need for a room that you are going to share. As you think of items, write them in the appropriate column to indicate your level of interest in purchasing them. Use the following models to ask one another questions.

Образéц:
— Пылесóс нáдо купи́ть?
— Конéчно, пылесóс нáдо купи́ть.
— Неплохáя идéя.
— Пылесóс? Нет, не нáдо.

— Лáмпу нáдо купи́ть?
— Конéчно, лáмпу нáдо купи́ть.
— Неплохáя идéя.
— Лáмпу? Нет, не нáдо.

Конéчно,...	Неплохáя идéя.	____? Нет, не нáдо.
_____ нáдо купи́ть. Remember: use accusative!		

4.2 Задáние 1. Эпизóд: где мóжно купи́ть чáйник?

Work with a partner to review what we learned in this episode about the students' possessions. For each sentence you create, choose a person from the left column and an object from the right column. We will work just with "have" sentences for now, so use **есть** in each sentence.

У Амáнды У Кáти У Лéны У Йры и Мáши У Олéга	есть	

170   Урóк 4: часть 1   *Между нами*: Рабóта в аудитóрии

4.2 ЗАДА́НИЕ 2. У кого́?

a. Working with a partner read the sentences below and decide to whom each sentence refers. Use the phrase bank to replace the **у** + pronoun construction in each sentence with a construction that uses a specific person's name. Pay attention to the gender and number of the pronouns as you make substitutions.

У Ама́нды	У Ма́ши и И́ры	У Ка́ти
У Ле́ны	У Оле́га	У Ама́нды и Мони́к

1. У неё нет ча́йника. _____

2. У него́ есть стол. _____

3. У них есть ла́мпа. _____

4. У него́ нет ла́мпы. _____

5. У него́ нет холоди́льника. _____

6. У неё есть микроволно́вка. _____

7. У них есть микроволно́вка. _____

8. У них почти́ ничего́ нет. _____

9. У него́ есть крова́ть. _____

10. У неё есть холоди́льник. _____

11. У неё есть ча́йник. _____

б. The activity above featured both "**есть** forms" (i.e., the dictionary form, used to express "having") and "**нет** forms" (the genitive case form, used to express absence or "not having"). Use that information, fill in the missing endings, using ø if no additional ending is needed.

Есть	ча́йник____.	Нет	ча́йник____.
Есть	холоди́льник____.	Нет	холоди́льник____.
Есть	ла́мп____.	Нет	ла́мп____.

4.2 Задáние 3. Что у них есть? Чегó у них нет?

a. You overhear Ol'ga and Igor' talking about their rooms, comparing what they have or do not have. Read the statements below and place a check mark in the appropriate column to indicate whether the speaker is Igor' (whose room is shown in **картинка А**), or Ol'ga (whose room is shown in **картинка Б**).

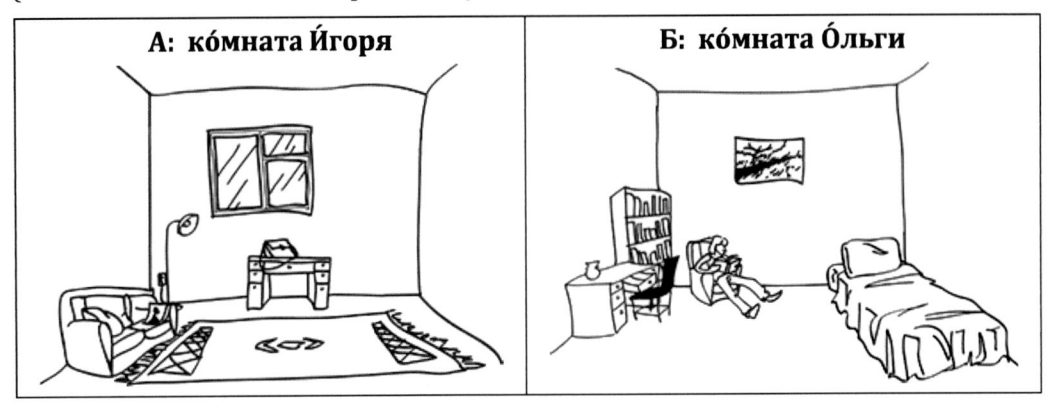

	А: кóмната Йгоря	Б: кóмната Óльги

		Э́то говорит Йгорь.	Э́то говорит Óльга.
1.	У меня есть стул.	_____	_____
2.	У меня нет стýла.	_____	_____
3.	У меня есть картина.	_____	_____
4.	У меня нет картины.	_____	_____
5.	У меня есть окнó.	_____	_____
6.	У меня нет окнá.	_____	_____
7.	У меня есть лáмпа.	_____	_____
8.	У меня нет лáмпы.	_____	_____
9.	У меня есть крéсло.	_____	_____
10.	У меня нет крéсла.	_____	_____
11.	У меня есть кровáть.	_____	_____
12.	У меня нет кровáти.	_____	_____
13.	У меня есть ковёр.	_____	_____
14.	У меня нет коврá.	_____	_____
15.	У меня есть портфéль.	_____	_____
16.	У меня нет портфéля.	_____	_____

б. Now think about the room where you live. Which statements from the previous list accurately describe your own **living space**? Compare your list with a classmate by reading your selections aloud.

4.2 Задание 4. Лото! У тебя в университете есть..?

In the word box below is a list of household objects that students might own. You will need to poll your classmates and use their answers to fill in the **Лото** board at the bottom of this page. Before you start, take a minute or two to practice reading "**У тебя есть**..?" construction using the following words. Be sure to use good intonation when asking your questions.

пылесо́с	холоди́льник	больша́я ла́мпа
ковёр	маши́на	ми́ксер
при́нтер	телеви́зор	кофева́рка
то́стер	дива́н	микроволно́вка

When you are ready, circulate around the room, asking each student no more than one question at a time. You should answer questions with either **Да, есть**. OR **Нет, нет**.

If an answer you receive matches one of the options in the boxes below, write the name of that person in the corresponding box. Try to get a row of names across, down or diagonally. When you get a row in any direction, call out **Кварти́ра**! Note that not all possible answers are represented on the board.

У _____ нет то́стера.	У _____ нет дива́на.	У _____ есть маши́на.	У _____ нет большо́й ла́мпы.
У _____ есть телеви́зор.	У _____ нет ми́ксера.	У _____ нет пылесо́са.	У _____ нет маши́ны.
У _____ есть дива́н.	У _____ нет кофева́рки.	У _____ есть микроволно́вка.	У _____ нет при́нтера.
У _____ есть то́стер.	У _____ есть больша́я ла́мпа.	У _____ нет ковра́.	У _____ нет холоди́льника.

4.2 Задание 5. Что там есть? А чего там нет?

a. Choose one of the pictures below and place a check mark in the appropriate column to indicate whether the **есть** or **нет** sentence applies to that picture.

б. Without revealing your choice, read a partner a minimum of three sentences about your picture. Your partner must wait to listen to all three sentences, and then try to guess the picture. Continue to read sentences until your partner guesses correctly. Remember to listen carefully as the pictures are very similar.

№ 1 № 2 № 3

Комната № _____

1.	___ Там есть диван.	___ Там нет дивана.
2.	___ Там есть лампа.	___ Там нет лампы.
3.	___ Там есть кровать.	___ Там нет кровати.
4.	___ Там есть кошка.	___ Там нет кошки.
5.	___ Там есть телевизор.	___ Там нет телевизора.
6.	___ Там есть календарь.	___ Там нет календаря.
7.	___ Там есть настольная (table) лампа.	___ Там нет настольной лампы.
8.	___ Там есть ковёр.	___ Там нет ковра.
9.	___ Там есть дверь.	___ Там нет двери.
10.	___ Там есть картина.	___ Там нет картины.
11.	___ Там есть ваза.	___ Там нет вазы.
12.	___ Там есть журнал.	___ Там нет журнала.
13.	___ Там есть зеркало.	___ Там нет зеркала.

в. Finally, compare the pictures using the following models. Remember that you will need to choose a form from either the **есть** or **нет** column depending on the grammatical context.

На первой картинке нет _____, а на второй картинке _____ есть.

На второй картинке есть _____, а на третьей картинке _____ нет.

4.2 Задание 6. Диалог

a. Here are five lines of conversation, four of which can be combined to make a short dialogue. Number those four sentences to place them in the correct order. Read the completed dialogue aloud with a partner, deciding where your intonation needs to rise and where it needs to fall. Be prepared to act it out for the class.

____ — Нет, не нóвая, но и не óчень стáрая.

____ — У негó есть машńна.

____ — Ты знáешь, какáя у неё машńна? Нóвая?

____ — У Марńи Николáевны есть машńна?

____ — Да, есть.

б. Using the conversation above as a model, ask your partner if s/he has the following items. If s/he does, ask a follow-up question to find out more about the item. Take notes about your partner's answers as you go.

	У тебя́ есть ... ?			Скажи́, какóй / какáя / какóе у тебя́...
1.	квартńра	да	нет	_____
2.	мобńльник	да	нет	_____
3.	гитáра	да	нет	_____
4.	пальтó	да	нет	_____
5.	рюкзáк	да	нет	_____
6.	сестрá	да	нет	_____
7.	брат	да	нет	_____
8.	бáбушка / дéдушка	да	нет	_____
9.	женá / муж	да	нет	_____

4.2 Задáние 7. Что такóе «хорóшая кóмната» йли «хорóшая квартйра»?

Work with a partner to share your views on either dorm living or apartment living. Try to find as much agreement with your partner as you can. Use the following model:

В хорóшей кóмнате (квартйре)... / В плохóй кóмнате (квартйре)...

По-мóему, в хорóшей кóмнате / в хорóшей квартйре всегдá есть...

Кóмната / Квартйра, по-мóему, плохáя, éсли (if) там нет...

Be ready to share your answers with the class.

4.2 Задáние 8. Разговóры (Conversations)

The following conversations took place in Amanda's dormitory. Fill in the blanks using words from the word bank and then act out each conversation with a partner. Each word bank contains two extra words.

1. Говорят Амáнда и Монйк

есть	мóжно	нáдо
назывáется	нахóдится	нет

Амáнда: Монйк, я так хочý чай! Óчень _____ купйть чáйник. Ты не знáешь, в какóм магазйне _____ купйть недорогóй чáйник?

Монйк: Ой, я не знáю. А где сосéдки? По-мóему, у Кáти есть чáйник.

Амáнда: Да, у неё _____ чáйник. Но э́то не мой чáйник, а её.

Монйк: Понятно. Навéрное, Кáтя знáет, где _____ недорогóй магазйн.

2. <u>Говоря́т Оле́г и Ка́тя</u> [*Oleg has appeared at Katya's door.*]

ещё	коне́чно	мо́жно
на́до	называ́ется	нахо́дится
нет	почему́	

Оле́г: Ка́тя, приве́т!

Ка́тя: Приве́т. Слу́шай, _____ ты не де́лаешь дома́шнее зада́ние? Я ду́мала (thought), что у тебя́ на за́втра большо́е зада́ние.

Оле́г: Да, о́чень большо́е. Но в ко́мнате рабо́тать тру́дно. Там _____ ла́мпы.

Ка́тя: Оле́г, что ты говори́шь?! У тебя́ в ко́мнате _____ нет ла́мпы?! Скажи́, пожа́луйста, как _____ так жить? _____ купи́ть ла́мпу!

Оле́г: Я зна́ю. А где?

Ка́тя: Ты о́чень хорошо́ зна́ешь, где купи́ть ла́мпу.

Оле́г: В магази́не «Эльдора́до»?

Ка́тя: _____.

3. <u>Говоря́т Ка́тя и Ле́на</u> [*Amanda has just been asking Katya about teakettles.*]

всё, что ну́жно	есть	мо́жно
называ́ется	нахо́дится	нет
почему́	пробле́ма	

Ле́на: Кака́я у Ама́нды _____?

Ка́тя: Ама́нда хо́чет (wants) чай. У неё нет ча́йника. И она́ не зна́ет, где _____ купи́ть ча́йник.

Ле́на: И ты, коне́чно, сказа́ла, что (said that) есть тако́й магази́н — "Эльдора́до."

Ка́тя: Нет, Ама́нда ещё не (not yet) зна́ет, как _____ магази́н. И она́ не зна́ет, где он _____.

Ле́на: А _____ ты так лю́бишь "Эльдора́до"?

Ка́тя: Потому́ что там мо́жно купи́ть всё. Там есть _____.

4.2 Задáние 9. Что нáдо купи́ть? Где э́то мóжно купи́ть?

a. Imagine that you have just moved into a new apartment and it is completely empty. Work with a partner to make a list of ten to twelve items that you really need to buy. Remember that you will need to put the items in the accusative case, since they are direct objects of the verb **купи́ть**.

Óчень нáдо купи́ть … лáмпу.

_____   _____   _____
_____   _____   _____
_____   _____   _____
_____   _____   _____

б. Look through your list and put the items you need into groups based on where you think you could purchase the items. Remember to use the accusative case.

В магази́не электрóники мóжно купи́ть…	В магази́не мéбели мóжно купи́ть…	В продуктóвом* магази́не мóжно купи́ть…	В канцеля́рском** магази́не мóжно купи́ть…

* продýкты = groceries   **канцеля́рский магази́н = office supply store

в. Work with a new partner and share your list with him/her.

4.3 Задáние 1. Ситуáции

Working with a partner, write down phrases from this episode that you could say in the following situations. Read your phrases aloud as you work.

1. You want to introduce one student to another.
   Познакомься

2. You do not remember what the name of a store is.
   Как магазин называется

3. Your friend Katya is not at home.
   Нет дома Катя

4. You realize two of your friends do not know each other.
   Познакомься

5. You want to say "bye" to another student.
   Всего всего

4.3 Задáние 2. Давáйте игрáть!

Practice acting out the following situations, performing the roles that your teacher assigns to you. Be ready to perform your situation for the class.

Ситуáция 1

Студéнт А: You and your Russian roommate (Kolya or Katya — choose the gender you want) are in your room. A Russian-speaking acquaintance of yours stops by. Say hello, then introduce your acquaintance to your roommate. Unfortunately, you do not remember your acquaintance's last name and will need to ask.

Студéнт Б: You are playing the role of the roommate.

Студéнт В: You are playing the role of the acquaintance. Make an initial greeting and take part in the introduction. You have a very simple last name -- Smith (Смит).

Ситуáция 2

Студéнт А: You are in Petersburg for the summer, but you think it is really cold. You did not bring a jacket and now you need to buy one. Ask your host Nina Nikolaevna and her daughter Tanya (or son Andrei) where one can buy a coat.

Студéнт Б: You are playing the role of Nina Nikolaevna. Let your student know that one can buy a cheap jacket at the store Lenta (Лéнта).

Студéнт В: You are the daughter/son of the hostess. You point out that mom loves Lenta. You also volunteer to show the student the store if s/he wants, as you attend a university near to the store.

Ситуáция 3

Студéнт А: You arrive at a friend's (Sasha - could be either gender) dorm room and find only his/her roommate (Oleg/Ol'ga). Ask, "is your roommate home?"

Студéнт Б: You are the roommate (Oleg/Ol'ga). Say that Sasha is not at home and that you do not remember where s/he is.

Студéнт А: Indicate you have understood.

Студéнты А и Б: End the conversation by saying goodbye.

4.3 Задание 3. Семья Дениса Гурина

a. Use the family tree below as you and a partner take turns filling in the blanks below with the names of Denis' relatives. In each sentence, the possessive "of" forms are in *italics*.

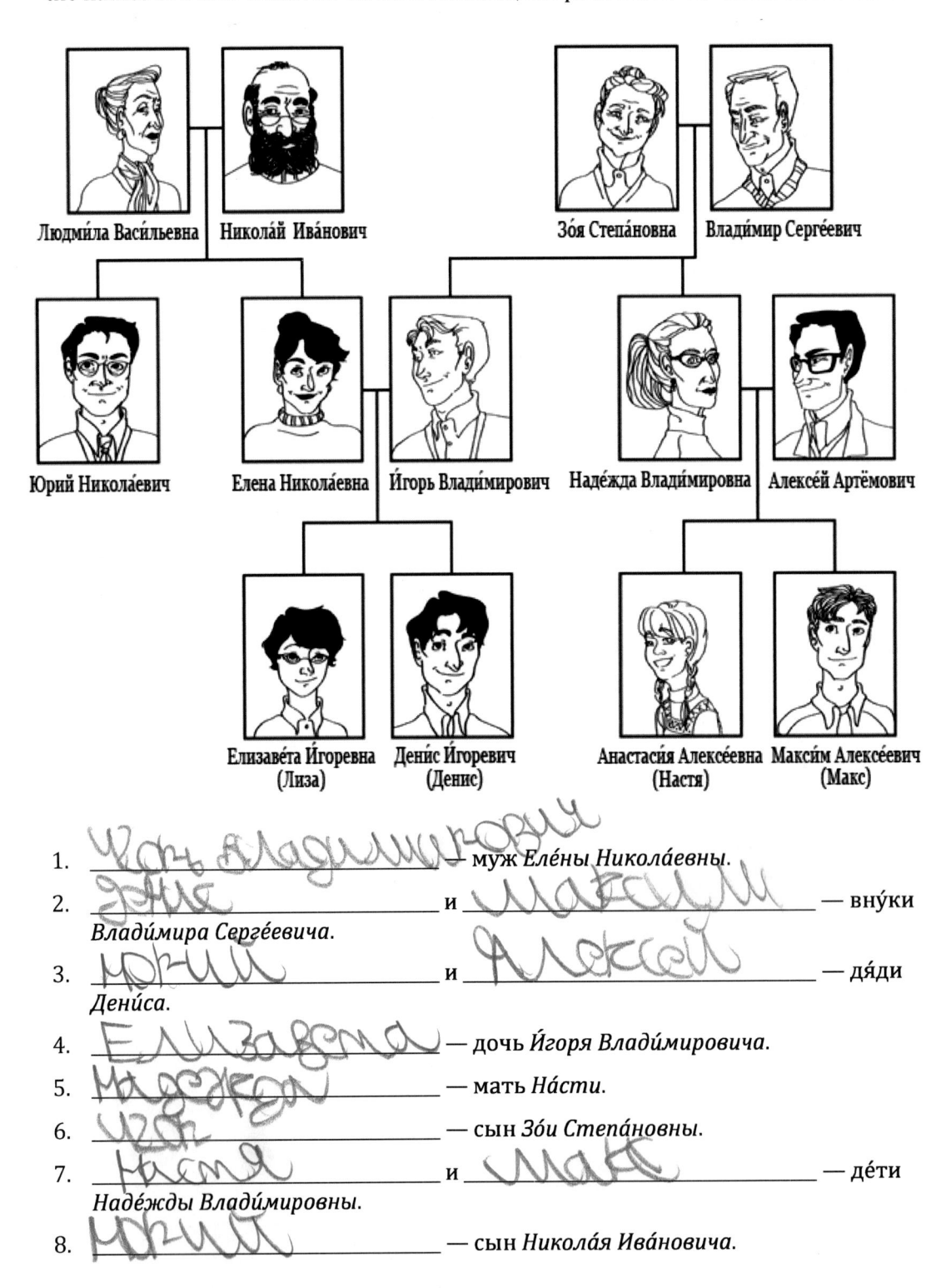

1. _Игорь Владимирович_ — муж *Елены Николаевны*.
2. _Денис_ и _Максим_ — внуки *Владимира Сергеевича*.
3. _Юрий_ и _Алексей_ — дяди *Дениса*.
4. _Елизавета_ — дочь *Игоря Владимировича*.
5. _Надежда_ — мать *Насти*.
6. _Игорь_ — сын *Зои Степановны*.
7. _Настя_ и _Макс_ — дети *Надежды Владимировны*.
8. _Юрий_ — сын *Николая Ивановича*.

6. You have mentioned various people in Denis' family to your parents, and but they are confused as to how all of these people are related to one another. Translate the Russian sentences you just completed into English for your parents. For the English translation use the " 's " construction rather than an "of" phrase, and remember to flip the Russian word order to match normal English usage.

1. Egor is the husband of Elena.
2. Denis and Max are the grandsons of Vladimir.
3. _____.
4. _____.
5. _____.
6. _____.
7. _____.
8. _____.

4.3 Задание 4. Кто есть кто?

a. One of your Russian friends has been hearing you talk about all the characters in this book, but cannot keep them straight. Working with a partner, create questions using the names in the first column and then combine words from the other two columns to answer those questions. The words in each column are provided in the appropriate grammatical form. You may add additional words as needed. Follow this model:

— Кто такая Зоя Степановна?

If you know:
— Зоя Степановна — хозяйка Тони и бабушка Дениса Гурина.

If you do not remember:
— Я не помню.

Кто такой... Кто такая... Кто такие...		Кого? ('s)
Катя?	брат	Аманды
Лиза?	друг	Олега
Олег (в Ярославле)?	друзья	Дениса
Олег (в Петербурге)?	подруга	Лизы
Моник?	подруги	Тони
Олег и Женя?	сестра	Георгия Владимировича
Светлана Борисовна?	собака	Риммы Юрьевны
Римма Юрьевна?	соседка	Кати и Лены
Марат Азатович?	студент(ка)	Светланы Борисовны
Денис?	хозяин	Джоша
Дружок?	хозяйка	Кейтлин
[add your own]?	муж	[add your own]
	[add your own]	

б. Look at the forms on the far right column of the table. Circle any names that never change form regardless of the case (i.e., indeclinable nouns).

4.3 Задáние 5. Кто есть кто?

The Russian friends of our four students have some questions. Work with a partner to answer their questions by putting the elements between the slashes into the correct forms.

Образéц: — Амáнда, кто такóй Олéг?
(Олéг / друг / Кáтя)
— Олéг — друг Кáти.

a. Джош, кто такáя Сóня?
Сóня / дочь / хозяйка

_____

б. Кéйтлин, кто такáя Светлáна Борúсовна?
Светлáна Борúсовна / хозяйка / Джош

_____

в. Тóни, кто такóй Денúс?
Денúс / внук / Зóя Степáновна

_____

г. Амáнда, кто такáя Зóя Степáновна?
Зóя Степáновна / хозяйка / Тóни

_____

4.3 Задáние 6. Чьи э́то вéщи (things)?

Several friends of Katya Nikol'skaya and her boyfriend Oleg Panchenko are going to be sharing an apartment in Petersburg. Katya and Oleg have gone over to help them move, but are confused about who owns many of the objects. Work with a partner to fill in the table below with that information. You will be given a card with a portion of the information you need, and will need to ask your partner to determine the rest.

Write the letter of the picture in the box with the appropriate owner's name.

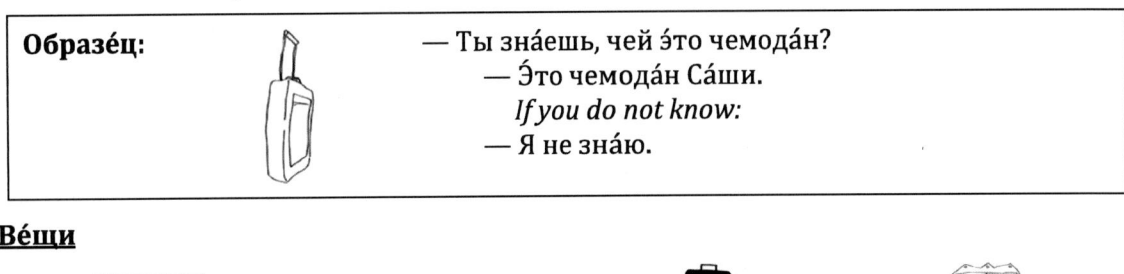

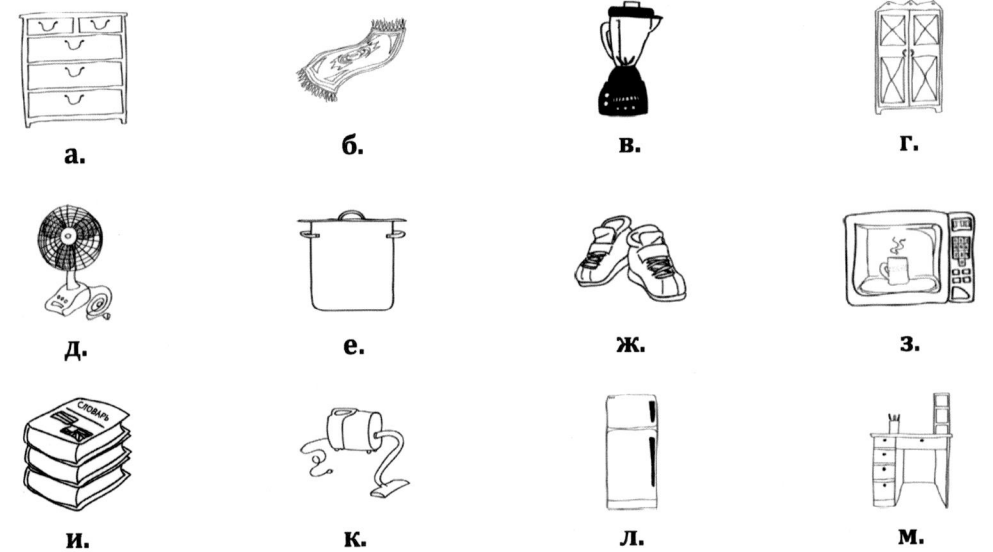

Образéц:
— Ты знáешь, чей э́то чемодáн?
— Э́то чемодáн Сáши.
If you do not know:
— Я не знáю.

Вéщи

а.   б.   в.   г.

д.   е.   ж.   з.

и.   к.   л.   м.

Лю́ди

Андрéй	Николáй (Кóля)	Марк
Ни́на	Тáня	Натáша

4.3 Задание 7. Что мы уже знаем? Что мы ещё не знаем?

Work with a partner to come up with at least four things we already know (**Мы уже знаем…**) and four things we do not yet know (**По-моему, мы ещё не знаем,…**) about the characters in our story. Each of your sentences should begin with one of these phrases, followed by a question using a question word (**кто?, где?, в каком / в какой?, на каком / на какой?, что?**). The phrase bank underneath the columns will help you with question phrases.

If you do not remember, use the phrase, "**Я не помню.**" Come up with at least four things we know and four we do not yet know about the story.

Образец:

А: Мы уже знаем, какая у Джоша фамилия?
Б: Да, мы уже знаем, какая у него фамилия.
В: Да? А я не помню.
А: Ты не помнишь? Его фамилия — Стайн.

А: По-моему, мы ещё не знаем, где учится Аманда.
Б: Что ты? Ты не помнишь? Она в Петербурге.
А: Это я уже знаю! А в каком университете она учится?
Б: Мы уже знаем. Она учится в Европейском университете.

Мы уже знаем…	По-моему, мы ещё не знаем,…

Какая у _____ фамилия?	На каком курсе учится / учатся _____?
Где работает _____?	Где живёт / живут _____?
Кто такой / кто такая _____?	Кто по профессии родители _____?
Кто по профессии _____?	Где находится _____?
Где учится _____?	В каком университете учится _____?

Уро́к 4: часть 2

🎧 4.4 Зада́ние 1. Петрогра́дская сторона́. Что там ви́дит (sees) Ама́нда?

Your instructor will show you a presentation. As you watch, write the number of the slide next to the corresponding word.

1. ____ ры́нок
2. ____ бассе́йн
3. ____ мост
4. ____ проспе́кт
5. ____ фи́тнес-це́нтр
6. ____ стадио́н
7. ____ Институ́т ру́сского языка́ и культу́ры
8. ____ це́рковь
9. ____ остано́вка авто́буса
10. ____ ста́нция метро́
11. ____ суперма́ркет

4.4 Зада́ние 2. Они́ э́то ви́дят (see), и́ли они́ об э́том (about it) то́лько говоря́т?

During the tour that Zhenya gives Amanda, there are some places that are mentioned but not seen. Read the list of places below and put a check mark in the appropriate column. You will need to read the text carefully. Keep in mind that the pictures that accompany the text do not include all the places Zhenya shows Amanda.

		Они́ э́то ви́дят.	Они́ об э́том то́лько говоря́т.
1.	бассе́йн	____	____
2.	ста́нция метро́	____	____
3.	остано́вка авто́буса	____	____
4.	ры́нок	____	____
5.	це́рковь	____	____
6.	магази́н	____	____
7.	институ́т языка́ и культу́ры	____	____
8.	мост	____	____
9.	стадио́н	____	____
10.	фи́тнес-це́нтр	____	____

4.4 Задание 3. А как называются эти места? (What Are These Places Called?)

The tour that Zhenya gives Amanda features both generic names (for example, "avenue," or "prospect") and the names of specific locations in Petersburg (for example, "Nevsky Prospect"). Read the following list of locations in St. Petersburg with a partner and place a check mark next to those locations that are mentioned during the tour.

1. ____ Петроградская сторона
2. ____ станция метро «Спортивная»
3. ____ начало Невского проспекта
4. ____ начало Большого проспекта
5. ____ Санкт-Петербургский университет
6. ____ станция метро «Чкаловская»
7. ____ станция метро «Невский проспект»
8. ____ улица Маркина
9. ____ улица Льва Толстого
10. ____ улица Попова
11. ____ Троицкий мост
12. ____ Тучков мост

4.4 Задание 4. Как в тексте?

Match each **начало предложения** (start of the sentence) to a logical **конец предложения** (end of the sentence). Read the complete sentences aloud to your partner as you create them.

Начало предложения	Конец предложения
1. _е_ Близко от нашего общежития есть фитнес-центр,...	а. и мы её очень любим.
2. __ Я живу недалеко от рынка...	б. но это далеко.
3. __ На улице Попова есть большой бассейн,...	в. здесь играют в футбол.
4. _в_ У нас в Питере хорошая футбольная команда,...	г. но там нет бассейна.
5. _д_ Недалеко отсюда есть фитнес-центр,...	д. на улице Маркина.
6. _а_ Видишь, справа стадион,...	е. где есть бассейн.

4.4 Задáние 5. В каком падеже́? (In Which Case?)

It can be hard to sort out cases in **есть** / **нет** sentences, especially when several of the cases you know occur in a single sentence. Here are some sentences from the tour in this episode. Decide which case each underlined word is in and indicate that case by writing the corresponding letter above the word:

- N = Nominative
- G = Genitive
- A = Accusative
- P = Prepositional

1. На у́лице Попо́ва есть большо́й бассе́йн.

2. Бли́зко от на́шего университе́та есть фи́тнес-це́нтр, но там нет бассе́йна.

3. У нас в Пи́тере хоро́шая футбо́льная кома́нда, мы её о́чень лю́бим.

4. Я живу́ недалеко́ от ры́нка, на у́лице Ма́ркина.

5. Э́то у́лица Кра́сного курса́нта.

6. Же́ня, большо́е спаси́бо за экску́рсию.

4.4 Задание 6. У нас в университете...

a. Вы хорошо знаете университет и город, где вы учитесь? Read the statements of possible features of your campus and the surrounding area. Place a check mark in the appropriate column to indicate whether or not you agree with the statement.

		Это верно.	Я не знаю.	Это не так!
1.	У нас в университете есть хороший музей.		✓	
2.	У нас в университете нет хорошего театра.	✓		✓
3.	У нас в университете нет студенческой парковки.	✓		✓
4.	У нас в университете нет хорошего бассейна.		✓	
5.	У нас рядом нет хорошего супермаркета.		✓	
6.	У нас рядом нет православной (Orthodox) церкви.	✓	✓	
7.	У нас рядом нет еврейской (Jewish) синагоги.		✓	
8.	У нас рядом нет настоящей (genuine) итальянской пиццерии.		✓	
9.	У нас рядом есть хороший китайский ресторан.	✓		
10.	У нас рядом есть хороший супермаркет.		✓	

б. Now you will receive one or more cards with statements about possible features of the area around your university. Read your card(s) aloud to a partner and see whether or not you agree with the statements.

Your partner may ask:
— У нас в университете есть хороший музей?

Depending on what you think, you could answer:
— Да, есть. OR
— Я не знаю. А как ты думаешь? OR
— Что ты! Нет, нет.

4.4 Задáние 7. Плю́сы нáшего университéта и нáшего гóрода

What are some of the things that make your university and the town or city in which it is located special? Work with a partner to come up with two or three things that you would want to emphasize for a group of visiting Russians. Try to work with the language you know rather than looking up new words. The phrases below will help you make well-structured Russian sentences. Be ready to present your ideas to the class.

> У нас в университéте…
> У нас ря́дом есть …
> У нас в гóроде…

4.4 Задáние 8. Вы хорошó знáете сéмьи Денѝса, Тóни и Джóша?

In the course of our story, you have found out a fair amount about the siblings of Denis, Tony and Josh. Place a check mark in the appropriate column to indicate whether the statements below are true or false.

		Да, э́то вéрно.	Нет, э́то невéрно.
1.	У Денѝса есть стáршая сестрá.	___	___
2.	У Тóни есть млáдшая сестрá.	___	___
3.	У Джóша нет стáршего брáта.	___	___
4.	У Джóша есть млáдшая сестрá.	___	___
5.	У Денѝса нет млáдшей сестры́.	___	___
6.	У Тóни есть и стáрший брат, и млáдший брат.	___	___
7.	У Тóни нет стáршей сестры́.	___	___
8.	У Денѝса нет стáршего брáта.	___	___

4.4 Задáние 9. Стáрший и млáдший. Фóрмы "есть" и "нет"

a. Use the statements in the previous activity to fill in the table of endings for "**есть**" and "**нет**" sentences. In each column, you will need to provide the correct adjective and noun endings based on the given context. Write ø for a zero ending.

есть	нет
есть стáрш_____ брáт_____	нет стáрш_ы_ брáт_а_
есть млáдш_____ брáт_____	нет млáдш_____ брáт_____
есть стáрш_____ сестрá_____	нет стáрш_____ сестр_____
есть млáдш_____ сестрá_____	нет млáдш_____ сестр_____

б. Use the forms from the table above to ask your partner about his/her family.

Скажи́, пожáлуйста, у тебя́ есть…?

в. Make a note of your partner's answers, so that you can report back to the whole group:

У _____ (name in genitive, if it declines) есть …

нет ….

4.4 Задание 10. Начало и конец (чего?) — The Beginning and End (of What?)

The words **начало** (beginning) and **конец** (end) are regularly followed by genitive singular nouns to convey "of." Work with a partner to make phrases from the elements below, putting the second item in the genitive case by providing the appropriate ending. Give the English equivalent for your phrase in the column to the right.

		Russian phrase	**English equivalent**
1.	конец / фильм	конец фильма	the end of the film
2.	начало / урок	начало урока	the beginning of the lesson
3.	начало / семинар	начало семинара	the beginning of the seminar
4.	конец / жизнь (life, *fem.*)	конец жизни	the end of life
5.	начало / работа	начало работы	the beginning of work
6.	начало / книга	начало книги	the beginning of the book
7.	конец / парад	конец парада	the end of the parade
8.	конец / лекция	конец лекции	the end of the lecture
9.	начало / семестр	начало семестра	the beginning of the semester
10	конец / эсэмэска	конец эсэмэски	the end of the text message
11.	начало / революция	начало революции	the beginning of the revolution
12.	конец / эра	конец эры	the end of the era
13.	начало / реформа	начало реформы	the beginning of the reform
14.	начало / жизнь	начало жизни	the beginning of life
15.	конец / история	конец истории	the end of the story
16.	конец / роман	конец романа	the end of the novel
17.	начало / эпоха	начало эпохи	the beginning of the epoch
18.	конец / занятие	конец занятия	the end of the class

4.4 Задáние 11. Начáло и конéц (чегó?)

a. Caption each picture below using a phrase from the list you created in Задáние 10.

1.

2.

3.

4.

б. If you finish early, match each event below to the year in which it happened.

Events	Years
1. ____ конéц совéтской эпóхи	а. 1914
2. ____ начáло Октя́брьской револю́ции	б. 1789
3. ____ начáло Пéрвой мировóй войны́*	в. 1992
4. ____ конéц Вторóй мировóй войны́	г. 1972
5. ____ начáло Францýзской револю́ции	д. 1825
	е. 1945
	ж. 1917

* мир = world; войнá = war

🎧 4.4 Задáние 12. Seeing and Remembering

Listen as your instructor reads a series of sentences that include the verbs for seeing and remembering. Circle the correct subject for each sentence and then place a check mark in the appropriate column to indicate which verb is being used.

	кто?			seeing	remembering
1.	Денис	я	мы	___	___
2.	Моник и Аманда	ты	вы	___	___
3.	он	вы	мы	___	___
4.	я	ты	Кáтя и Лéна	___	___
5.	вы	они	ты	___	___
6.	ты	мы	моя сосéдка	___	___

4.4 Задáние 13. Я не вижу... А ты видишь..? Работаем в парах

You and a partner are trying to find some lost objects in a very messy apartment. Your teacher will give each of you two sets of picture cards. The pictures with the question marks on them represent objects that you are looking for and cannot find. The other pictures are objects that you have already found and can see from where you are.

Without showing your cards to your partner, choose one of your objects with a question mark and ask your partner if s/he sees that object. Remember to use the accusative case after "**Ты видишь**...?" and to use proper intonation for your question. Your partner's answer will be based upon what cards s/he has. Here are some models for your conversation:

— Ты видишь газéту? *If you have a newspaper card with a question mark*

— Да, вижу, вот онá! *If you have a card with no question mark -- and then you can show that card*

— Нет, не вижу. *If you do not have a newspaper card, or only have one with a question mark*

4.4 Задáние 14. Что ты вúдишь из окнá (from the window)?

You are couchsurfing in Russia during a short trip to Petersburg. Fortunately the window in your room offers a good view of the immediate area. Your teacher will give you some photos that show what the view from your window is.

a. Look at your photos and place a check mark next to the objects that you can see from your window. Note that the forms are in the accusative because they come after the verb **вúдеть**. Say the items quietly to yourself as you check them off.

<u>Я вúжу…</u>

____ мост   ____ цéрковь   ____ рынок

____ теáтр   ____ парк   ____ останóвку автóбуса

____ стáнцию метрó ____ библиотéку   ____ стадиóн

____ úлицу   ____ рéку   ____ канáл

б. You will now work in a small group. Without looking at your partners' pictures, ask what they can see from their windows. Write your partner's initials next to the objects that s/he names.

— Что ты вúдишь из окнá?

— Я вúжу _____.

— Понятно.

____ мост   ____ цéрковь   ____ рынок

____ теáтр   ____ парк   ____ останóвку автóбуса

____ стáнцию метрó ____ библиотéку   ____ стадиóн

____ úлицу   ____ рéку   ____ канáл

в. У когó сáмый (most) красúвый вид из окнá? Be ready to tell the class whose view you think is best.

4.5 Задание 1. Аманда и Женя в кафе. Как это в тексте?

Working with a partner, read the following sentences aloud. If the statement is true, write **Это верно** in the blank. If the statement is not true, cross out what is incorrect and then write a corrected version in the blank.

1. Аманда родилась во Флориде.
   _____

2. Женя учится в аспирантуре.
   _____

3. Аманда учится в Стэнфордском университете.
   _____

4. До (before) аспирантуры Аманда училась в Университете Южной Калифорнии.
   _____

5. Женя учится на втором курсе.
   _____

6. Аманда раньше жила в Сан-Франциско.
   _____

7. Семья Аманды купила квартиру недалеко от Лос-Анджелеса.
   _____

8. Родители Аманды учились в Стэнфордском университете.
   _____

9. Родители Аманды познакомились в университете.
   _____

10. Родители Аманды познакомились в Стэнфордском университете.
    _____

4.5 Задáние 2. Что мы узнáли (Found out)?

Work with a partner to read the following sentences aloud. You will need to read the introductory phrase **В э́том тéксте мы узнáли,...** to start each sentence. Decide which pieces of information appear in the text and place a check mark in the appropriate column.

В э́том тéксте мы узнáли,...	Да	Нет
1. откýда Жéня.	____	____
2. откýда Амáнда.	____	____
3. где Амáнда учи́лась в университéте.	____	____
4. в какóй шкóле Амáнда учи́лась.	____	____
5. где роди́лся Жéня.	____	____
6. где родилáсь Амáнда.	____	____
7. где роди́лись её роди́тели.	____	____
8. в какóм университéте учи́лись роди́тели Жéни.	____	____
9. в какóм университéте учи́лись роди́тели Амáнды.	____	____
10. где ýчатся брат и сестрá Амáнды.	____	____
11. как зовýт брáта Амáнды.	____	____
12. как зовýт сестрý Амáнды.	____	____

4.5 Задáние 3. Откýда вы? (Where Are You From?)

In order to help you practice geographical place names, your teacher will assign everyone in the class a new home. You will receive a map with your new home state or province highlighted. Quiz your classmates to find out where they now live and write their initials in the appropriate place on the map.

🎧 4.5 Задáние 4. Present or Past?

Your teacher will read some sentences aloud. Place a check mark in the appropriate column to indicate whether the sentence refers to a present or past event.

	Present	Past
1.	✓	
2.	✓	
3.		✓
4.	✓	
5.		✓
6.	✓	
7.		✓
8.		✓
9.		✓

🎧 4.5 Задáние 5. Кто э́то де́лал?

Listen carefully to the questions that these parents are asking their children. Decide whether the parent is speaking to a boy or a girl by determining whether the past tense form of the verb ends in -л or -ла. Indicate your answer by placing a check mark in the appropriate column.

	ма́льчик	де́вочка
1.	✓	
2.		✓
3.		✓
4.		✓
5.	✓	
6.		✓
7.	✓	

Между нами: Рабо́та в аудито́рии

Уро́к 4: часть 2

4.5 Задание 6. Ра́ньше (Used to be/Formerly).., а тепе́рь (whereas now)...

Work with a partner to create sentences that compare what used to be the case (**ра́ньше...**) with what is true now (**а тепе́рь...**). You will need to use an element from all four columns to create each sentence.

Ра́ньше...		а тепе́рь...	
Ра́ньше Же́ня...	жила́ в Калифо́рнии,	а тепе́рь он...	у́чится в Университе́те Ю́жной Калифо́рнии.
	говори́ла до́ма и по-кита́йски, и по-англи́йски,		не у́чатся, они́ рабо́тают.
Ра́ньше Ама́нда...	учи́лись в Бе́ркли,	а тепе́рь она́...	купи́ли дом недалеко́ от го́рода.
	хоте́л изуча́ть филоло́гию,		изуча́ет матема́тику.
Ра́ньше роди́тели Ама́нды...	учи́лась в Стэ́нфордском университе́те,	а тепе́рь они́...	живёт в Росси́и.
			у́чится в Санкт-Петербу́рге.
	жи́ли в Сан-Франци́ско,		говори́т до́ма то́лько по-англи́йски.

4.5 Задáние 7. Когó ты читáешь?

When Amanda was in Russia as an undergraduate, she had the following exchange with her conversation partner:

— Амáнда, скажи́, ты читáешь Чéхова по-англи́йски и́ли по-рýсски?
— Чéхова? Не знáю, кто э́то. Онá ещё живá (alive)?
— Не онá, а ОН! Чéхов — Антóн Пáвлович Чéхов. Ты самá (yourself) говори́ла, что ты егó читáешь.
— А, ЧÉХОВ! Извини́, я не понялá. Сейчáс я егó читáю по-англи́йски. Но я óчень хочý егó читáть и по-рýсски.

а. Why did she have problems understanding what her friend meant?

_____

_____

б. Он и́ли онá? Below are the **когó** (whom?) forms of well-known Russian writers' names. Since you cannot always guarantee that your first encounter with a new writer's name will be in the **кто** form (nominative case), you have to be able to predict what the dictionary form of the name will be. We will begin by writing **М** for **мужчи́на** (man) or **Ж** for **жéнщина** (woman) in the blank to indicate the gender of the writer.

Когó? (Whom?)	Э́то он (М) и́ли онá (Ж)?
1. Амáнда лю́бит Булгáкова.	____
2. Конéчно, онá читáет Пýшкина.	____
3. Онá плóхо знáет Цветáеву.	____
4. Амáнда читáла Лéрмонтова.	____
5. Онá не читáла Аксёнова,...	____
6. ... и никогдá не читáла Пелéвина.	____
7. Онá читáла и óчень лю́бит Ахмáтову.	____

в. Now fill in the "dictionary form" of their last names.

Амáнда (не) читáет…	Кто э́то? Егó зовýт / Её зовýт…
1. Булгáкова	Э́то — Михаи́л Афанáсьевич _____.
2. Пýшкина	Э́то — Алексáндр Сергéевич _____.
3. Цветáеву	Э́то — Мари́на Ивáновна _____.
4. Лéрмонтова	Э́то — Михаи́л Ю́рьевич _____.
5. Аксёнова	Э́то — Васи́лий Пáвлович _____.
6. Пелéвина	Э́то — Ви́ктор Олéгович _____.
7. Ахмáтову	Э́то — Áнна Андрéевна _____.

г. Now you will have an opportunity to talk about your own knowledge of Russian literature; Russians often *do* ask you about this, even if you are not "a literature person."

Use the sentences below to practice answering these questions. Your teacher will give you and your partner a card with some questions about Russian authors and other authors that Russians tend to read. Pay careful attention when choosing between the **кто** and the **кого** (whom) form of the author's name.

Note that two of the best known writers have names that change endings as adjectives, not nouns: Ты чита́л(а) Достое́вского? Ты чита́л(а) Толсто́го?

— Ты чита́л(а) _____?
— Я чита́л(а) _____.

— Ты хо́чешь (want to) чита́ть _____?
— Я (не) хочу́ чита́ть _____.

— Ты зна́ешь _____?
— Я (не) зна́ю _____.

— Ты не зна́ешь, _____ пи́шет про́зу и́ли поэ́зию?

4.5 Зада́ние 8. Как ча́сто ты ви́дишь..?

a. Circle an adverb in each sentences below to make it is true for you.

1. Я [**ча́сто / ре́дко / никогда́ не**] ви́жу моего́ бра́та.
2. Я [**ча́сто / ре́дко / никогда́ не**] ви́жу моего́ отца́.
3. Я [**ча́сто / ре́дко / никогда́ не**] слу́шаю Джа́стина Би́бера.
4. Я [**ча́сто / ре́дко / никогда́ не**] слу́шаю Э́лтона Джо́на.
5. Я [**ча́сто / ре́дко / никогда́ не**] чита́ю Сти́вена Ки́нга.
6. Я [**ча́сто / ре́дко / никогда́ не**] чита́ю ру́сского поэ́та Алекса́ндра Бло́ка.
7. Я [**ча́сто / ре́дко / никогда́ не**] чита́ю Михаи́ла Булга́кова.

б. When you are done, share your sentences with a classmate by reading your answers aloud.

4.5 Задание 9. Кто кого знает?

Review which of our characters know one another by creating sentences from the elements in the table below. Take turns with a partner, with one person making a statement and the other responding whether or not they agree. Keep any discussions that you have entirely in Russian.

— По-мо́ему, Со́ня Черны́х не зна́ет Ама́нду.

If you agree:
— Да, э́то пра́вда.

If you are not sure, you can ask:
— А кто така́я Со́ня Черны́х?
— Э́то дочь Светла́ны Бори́совны.

То́ни Ама́нда Ке́йтлин Джош Ната́лья Миха́йловна Ри́мма Ю́рьевна Мара́т Аза́тович Светла́на Бори́совна Зо́я Степа́новна Со́ня Черны́х оте́ц Дени́са мать Дени́са Оле́г Па́нченко Же́ня Кузнецо́в	(не) зна́ет	Дени́са Ама́нду Ке́йтлин Джо́ша То́ни Ната́лью Миха́йловну Ри́мму Ю́рьевну Мара́та Аза́товича Ка́тю Нико́льскую Ле́ну Анто́нову Мони́к Дюбуа́ отца́ Дени́са мать Дени́са сестру́ Дени́са Со́ню Черны́х Же́ню Кузнецо́ва Оле́га Па́нченко

🎧 4.5 Задание 10. Семья Тони

a. Listen as Tony presents some information about his family. Fill in the blanks with the missing relationship.

1. Мою _____ зовут Мария Луиса.

2. А нашего _____ зовут Мигель.

3. Моего старшего _____ зовут Томас.

4. А младшего _____ зовут Хосе.

5. У меня есть _____. Мою старшую _____ зовут Сандра, а младшую _____ зовут Изабель.

4.5 Задание 11. Как зовут..?

Work with a partner to fill in the missing letters in the questions below, saying them aloud as you write. When you are finished, a few students in the group will play visiting Russians whom you will ask these questions. Write down the information that you find out as you do the interview.

1. Как зовут тво___ ___ ___ отц___? Где он роди___ ___ ___?

2. А как зовут тво___ мам___? Где она роди___ ___ ___ ___?

3. У тебя есть брат___ ___ (plural) или сёстр___?

4. Как зовут тво___ ___ ___ старш___ ___ ___ брат___?

5. Как зовут тво___ старш___ ___ сестр___?

4.5 Задáние 12. Нáши герóи

Use the elements between the slashes to create sentences that provide some new information about our students. You will need to think carefully about the tense of each verb and about the grammatical endings on all of the nouns and adjectives. You will also need to add the prepositions **в** and **на** to make logical sentences.

1. Когдá / Амáнда / учи́ться / Стэ́нфордский университéт / , / онá / оди́н семéстр / изучáть / Russian / Москвá / .

   _____

   _____

   _____

2. Когдá / Джош / учи́ться / вторóй / курс / , / он / жить / университéтский / общежи́тие / .

   _____

   _____

   _____

3. На / пéрвый / курс / Кéйтлин / немнóго / говори́ть / Russian / , / но / онá / badly / понимáть / преподавáтель / .

   _____

   _____

   _____

4. Преподавáтель / Кéйтлин / университéт / Огáйо / is from / Росси́я / .

   _____

   _____

5. Отéц / Амáнда / зовýт / Рóберт / , / а / мáма / зовýт / Ли́нда / .

   _____

   _____

6. When / Тóни / учи́ться / шкóла / , / он совсéм не / говори́ть / Russian / .

   _____

   _____

   _____

Мéжду нáми: Рабóта в аудитóрии

Урóк 4: часть 3

4.6 Хочý рассказáть о Жéне

Before coming to class, read this episode online and fill out the text matrix in 4.6 упражнéние A of the Домáшние задáния.

> От: Амáнда Ли
> Комý: Тамáра Дýбова
> Отпрáвлено: 5.11.2013 23:07
> Тéма: Хочý рассказáть о Жéне
>
> Здрáвствуй, Тамáра! Большóй привéт из Петербýрга!
>
> Как у тебя делá? Как ты живёшь? Надéюсь, у тебя всё в порядке.
>
> Хочý рассказáть об óчень интерéсном молодóм человéке. Егó зовýт Евгéний, Жéня Кузнецóв. Мы познакóмились позавчерá, когдá я былá у Кáти. Жéня óчень приятный молодóй человéк. Мы вмéсте гуляли, и он показáл рáйон. Он егó óчень хорошó знáет, потомý что живёт в э́том рáйоне. У меня не́ было чáйника, а здесь хóлодно, я люблю пить горя́чий чай. Жéня показáл магази́н, где мóжно купи́ть чáйник.
>
> Вчерá я опять ви́дела Жéню. Мы вмéсте бы́ли в кафé, пи́ли кóфе и разговáривали. Жéня — математик, он ýчится на трéтьем кýрсе на факультéте матемáтики, хотя он óчень лю́бит литератýру, и он поэ́т. Он пи́шет стихи́. Я не óчень понимáю, почемý он изучáет матемáтику, éсли он так лю́бит читáть и писáть стихи́. Мы мнóго говори́ли о литератýре. Бы́ло óчень интерéсно, потомý что Жéня мнóго читáет. Он спрáшивал меня о моéй диссертáции, но, к сожалéнию, он немнóго знáет об искýсстве. Но э́то, по-мóему, не проблéма.
>
> Семья Жéни живёт в э́том рáйоне всю жизнь. Дáже в однóй и той же квартúре. Егó бáбушка и дéдушка жи́ли здесь, егó отéц роди́лся в э́той квартúре. Конéчно, не в Петербýрге, а в Ленингрáде. Тогдá э́то был не Петербýрг, тогдá э́то был Ленингрáд. Я знáю, что егó отцá зовýт Сергéй, потомý что Жéня сказáл, что егó óтчество — Сергéевич. Но он не говори́л, как зовýт мáму.
>
> Егó мáма по профéссии юри́ст. А пáпа фи́зик. Рáньше он рабóтал в университéте, а тепéрь у негó своя́ фи́рма, кáжется, компью́теры.
>
> Жéня óчень хóчет учи́ться в Амéрике. Мóжет быть в Лос-Áнджелесе? Óчень интерéсная идéя!
>
> Все спрáшивают меня, откýда я? Все дýмают, что я из Китáя. Я отвечáю, что я америкáнка из Лос-Áнджелеса. Почемý-то все удивля́ются. ☺
>
> Амáнда

4.6 Задáние 1. Начáло и конéц предложéния

Слéва — начáло предложéния. Спрáва — конéц предложéния. Закóнчите (finish) предложéние.

1. Амáнда и Жéня познакóмились ____
2. Большóй привéт ____
3. Амáнда óчень лю́бит ____
4. Жéня óчень мáло знáет ____
5. Жéня ýчится ____
6. Жéня ужé дýмает ____
7. Райóн, где онú бы́ли, ____
8. Отéц Жéни родúлся ____
9. Мать Жéни по профéссии ____
10. Жéня хорошó знáет райóн, ____

а. рýсское искýсство.
б. называ́ется Петрогрáдская сторонá.
в. потомý что егó семья́ там живёт.
г. о рабóте.
д. из Петербýрга!
е. в Ленингрáде.
ж. на трéтьем кýрсе.
з. юрúст.
и. об искýсстве.
к. позавчерá.

4.6 Задáние 2. Как бы́ло в тéксте?

Place a check mark in front of the phrases that complete the sentences grammatically and reflect the events of this episode. Read the completed sentences aloud with a partner.

1. Амáнда и Жéня познакóмились…
   ____ позавчерá.
   ____ в "Идеáльной чáшке."
   ____ у Кáти в общежúтии.
   ____ на Большóм проспéкте.

2. Жéня и егó родúтели…
   ____ живýт всю жизнь в э́том гóроде.
   ____ жúли и в Петербýрге, и в Москвé.
   ____ знáют мнóго о рýсском искýсстве.
   ____ родúлись в э́том гóроде.

3. Амáнда и Жéня вмéсте…
   ____ бы́ли в кафé.
   ____ бы́ли в магазúне.
   ____ пúли кóфе.
   ____ смотрéли фильм.

4. Жéня…
   ____ хóчет учúться в Амéрике.
   ____ мнóго знáет о рýсском искýсстве.
   ____ изучáет математику и пúшет стихú.
   ____ не говорúл, как зовýт пáпу и мáму.

4.6 Задание 3. Когда это было? (When Was It?)

Use the question **Когда это было?** to sort out with a partner whether these events from the text happened **вчера** (yesterday) or **позавчера** (the day before yesterday). If the event occurred earlier than the day before yesterday, check the column **Это было раньше** (earlier). Assume that today is the day that Amanda wrote her email to Tamara. Note that the events below are not listed in chronological order.

Образец:
— Аманда и Женя вместе гуляли. Когда это было?
— По-моему, это было позавчера.

	Это было вчера.	Это было позавчера.	Это было раньше.
Аманда пишет имейл сегодня.			
Аманда и Женя вместе гуляли.	___	✓	___
Олег сказал, что Кати нет дома.	___	___	___
Женя и Олег были у Кати в комнате.	___	___	___
Аманда и Женя пили кофе в кафе "Идеальная чашка."	___	___	___
Женя и Аманда познакомились.	___	___	___
Аманда купила чайник.	___	___	___
Олег понял, что Аманда и Женя не знакомы.	___	___	___
Аманда спрашивала Катю, где можно купить чайник.	___	___	___
Аманда и Женя разговаривали в кафе.	___	___	___
Катя говорила, что Аманда и Моник живут как Олег — очень просто.	___	___	___

4.6 Задáние 4. More Interesting Sentences: хотя́, к сожалéнию, потомý что

Read each sentence below with a partner and fill in the blanks with the connector or introductory phrase that works best in the given context: **хотя́** (although), **к сожалéнию** (unfortunately), or **потомý что** (because).

1. Жéня ужé дýмает о рабóте, _____ он ýчится тóлько на трéтьем кýрсе.

2. В Росси́и все спрáшивают Амáнду, почемý онá так хорошó говори́т по-англи́йски, навéрное, _____ они́ дýмают, что онá китая́нка.

3. Мать Джóша упóрно (stubbornly) дýмает, что в Иркýтске óчень хóлодно и óчень плóхо, _____ Джош всегдá пи́шет, что там не так хóлодно, и что всё там отли́чно.

4. _____, Жéня знáет не óчень мнóго об искýсстве, но Амáнда дýмает, что э́то не проблéма.

5. Марáт Азáтович дýмал, что Кéйтлин бестáктная, _____ онá сказáла, что туалéт мáленький.

6. Светлáна Бори́совна дýмает, что Джош хорóший, _____ он óчень неаккурáтный.

4.6 Задáние 5. Нóвые глагóлы

a. Work with a partner to create sentences using elements from the table below. Make sure that your verb form matches the grammatical subject of your sentence and that your sentences accurately reflect what we know from our story. Keep track of all of your sentences as the groups will compare answers once time is called.

	роди́лся	в Калифóрнии.
Амáнда	учи́лся	в Калифорни́йском университéте.
Жéня		в Ленингрáде.
Отéц Жéни	роди́лась	в Росси́йской Федерáции.
Мать Жéни	учи́лась	в Санкт-Петербýрге.
Мать Амáнды		в СССР.
Отéц Амáнды	роди́лись	в Стэ́нфордском университéте.
Роди́тели Амáнды	учи́лись	в университéте.
Роди́тели Жéни		на факультéте фи́зики.
	познакóмились	

If you finish early, see if you can make "**Мы не знáем, ...**" sentences about information that we do not know about our characters.

Образéц: Мы не знáем, где отéц Амáнды роди́лся.

6. Fill in the missing letters to complete the past tense forms of **роди́ться** (to be born).

   я / ты / он   роди́___ ___

   я / ты / она́   роди___ _́__ ь

   мы / вы / они́   род___л_́_с___

4.6 ЗАДА́НИЕ 6. СИТУА́ЦИИ

Work with a partner to decide how our students could find out the following information using only Russian. Use the name of the person you are addressing and the appropriate form of **скажи́(те)** (tell me) to signal that are about to ask a question. Your teacher may ask you to share your answers with the class.

Образе́ц: Denis wants to find out if Natalya Mikhailovna was born in Moscow.
— Ната́лья Миха́йловна, скажи́те, вы роди́лись в Москве́?

1. Caitlin wants to find out where Marat Azatovich went to college.

2. Amanda wants to ask Katya where she was born.

3. Tony wants to ask his conversation partner Oleg if he went to a large [secondary/high] school.

4. Caitlin wants to ask Rimma Yur'evna where she and Marat Azatovich got acquainted.

5. Tony wants to ask Zoya Stepanovna where she was born.

6. Amanda wants to ask Monique if she was born in Paris (Пари́ж).

7. Josh wants to ask Svetlana Borisovna where she went to college.

8. Josh wants to ask Denis where he was born.

4.6 ЗАДА́НИЕ 7. ГДЕ ТЫ БЫЛ? / ГДЕ ТЫ БЫЛА́?

Interview your partner about where s/he was yesterday using the question **Ты вчера́ был(а́)...?** and the places provided in the table below. If your partner was at the place, try to find out more information about what s/he was doing there. Your partner can use the verbs provided in parentheses in their answer. Be ready to report what you find out to the class.

— Ка́тя, ты вчера́ была́ в компью́терном це́нтре?
— Да, была́.
— Что ты там де́лала?
— Я писа́ла сочине́ние.

Ты вчера́ был / была́...	Он(а́) был(а́)? Что он(а́) там де́лал(а)?
...в Старба́ксе? (пил / пила́)	
...в библиоте́ке? (писа́л / писа́ла, чита́л / чита́ла)	
...в теа́тре и́ли в кинотеа́тре? (смотре́л / смотре́ла)	
...на стадио́не? (смотре́л / смотре́ла)	
...в спорт-ба́ре? (смотре́л / смотре́ла, пил / пила́)	

🎧 **4.6 ЗАДА́НИЕ 8. ЧТО ПЬЮТ СТУДЕ́НТЫ В НА́ШЕЙ ГРУ́ППЕ?**

a. Like many students, Amanda and Zhenya get to know each other over coffee. Listen as your teacher reads some general statements about what students drink, and shows you pictures of some common beverages. Listen for the name of the beverage, and then write the letter corresponding to that beverage in the column that best describes how often your classmates drink it: **ча́сто** (frequently), **ре́дко** (rarely), or **никогда́** (never).

	ча́сто пьют	ре́дко пьют	никогда́ не пьют
1.	____	____	____
2.	____	____	____
3.	____	____	____
4.	____	____	____
5.	____	____	____
6.	____	____	____
7.	____	____	____
8.	____	____	____

б. Find out from a partner how often they drink some of the beverages above using the question **Ты ча́сто пьёшь _____?** Use the frequency words above in your answers.

4.6 Задание 9. О чём? О ком?

Your teacher will read a set of sentences with "about" phrases using the preposition **о**. As you listen to each sentence, place a check mark in front of "**О чём**?" if the phrase refers to a thing, or in front of "**О ком**?" if the phrase refers to a person or an animal. If you want to review the information that you heard, you can use the question to get your teacher to repeat it.

1. ___ О чём? ___ О ком?
2. ___ О чём? ___ О ком?
3. ___ О чём? ___ О ком?
4. ___ О чём? ___ О ком?
5. ___ О чём? ___ О ком?
6. ___ О чём? ___ О ком?
7. ___ О чём? ___ О ком?
8. ___ О чём? ___ О ком?
9. ___ О чём? ___ О ком?

4.6 ЗАДА́НИЕ 10. О ЧЁМ ТЫ ЛЮ́БИШЬ ГОВОРИ́ТЬ?

a. Rate the following topics of conversation based on how interesting you find them.

Говори́ть ...	1 о́чень ску́чно	2 ску́чно*	3 норма́льно	4 интере́сно	5 о́чень интере́сно
1. о рабо́те	___	___	___	___	___
2. о но́вой му́зыке	___	___	___	___	___
3. о краси́вой актри́се	___	___	___	___	___
4. о но́вом фи́льме	___	___	___	___	___
5. о спо́рте	___	___	___	___	___
6. об америка́нской поли́тике	___	___	___	___	___
7. о преподава́теле	___	___	___	___	___
8. о тру́дном ку́рсе	___	___	___	___	___
9. об иску́сстве	___	___	___	___	___
10. о класси́ческой му́зыке	___	___	___	___	___

*ску́чно = неинтере́сно

б. Share your opinions with a partner. **Рабо́таем по моде́ли:**

  А: По-мо́ему, говори́ть о рабо́те о́чень ску́чно.
  Б: Я то́же так ду́маю. Говори́ть о рабо́те — ску́чно.
  В: А по-мо́ему, говори́ть о рабо́те о́чень интере́сно.

If you agree exactly or are just one rating category apart, give yourselves **одно́ очко́** (one point). Keep track of your point total as you will need to share it with the class.

  Ско́лько очко́в? (How many points?) ___

4.6 ЗАДА́НИЕ 11. ADJECTIVE OR PRONOUN?

a. At this point you are used to seeing the pronoun **э́то**. In this text you also saw its adjective form, which changes to agree with the word it modifies. Read each sentence below and decide which form of **э́то** from the word bank goes in each blank.

Then, indicate whether that form of **э́то** is being used as a pronoun (P) or an adjective that directly modifies a noun (A). Before you start, identify the underlined forms of **э́то** in the sentences below. The first one has been done for you.

Оте́ц Же́ни роди́лся в <u>э́том</u> го́роде. Коне́чно, не в Петербу́рге, а в Ленингра́де.
                       A

Тогда́ <u>э́то</u> был не Петербу́рг, тогда́ <u>э́то</u> был Ленингра́д.

| Э́то | э́той | э́том | э́тот |

1. *Two students are evaluating apartments to rent.*

   — Что ты ду́маешь об _____ кварти́ре?

   — _____ о́чень хоро́шая кварти́ра, но она́ дорога́я.

2. *Amanda and Monique have asked a student to show them around part of Petersburg they have never been to.*

   — А что там? _____ ры́нок?

   — Я не зна́ю. Я пло́хо зна́ю _____ райо́н го́рода. Я живу́ не здесь.

   — Ой, извини́! Мы ду́мали, что ты живёшь здесь, в _____ райо́не.

   — Нет, моя́ кварти́ра далеко́.

3. *Some children point out to Zhenya the grade school where they are pupils; his parents went to the same school as the kids do.*

   — Вы у́читесь здесь? _____ о́чень интере́сно! Вы зна́ете, мои́ роди́тели

   учи́лись в _____ шко́ле.

4.6 Задáние 12. Connecting Sentences with котóрый (Basic Relative Clauses)

Work with a partner to match the beginning of each sentence to the **котóрый** clause that best completes it. You should use your knowledge of gender, adjective endings and the plot of our story to make correct matches. Read your complete sentences aloud.

1. ____ Амáнда — аспирáнтка,...
2. ____ У Тóни есть двоюродный брат,...
3. ____ Зóя Степáновна — пенсионéрка,...
4. ____ Зóя Степáновна не лю́бит сосéда,...
5. ____ Санкт-Петербýрг — красивый гóрод,...
6. ____ Жéня знáет хорóшее кафé,...
7. ____ Марáт Азáтович — бизнесмéн,...
8. ____ Рáньше Джош жил в общежи́тии,...
9. ____ Ри́мма Юрьевна — учи́тельница,...
10. ____ Светлáна Бори́совна живёт в квартúре,...
11. ____ Казáнь и Ярослáвль - городá,...
12. ____ Тóни — студéнт,...

а. котóрый грóмко игрáет рок-мýзыку.
б. котóрое нахóдится недалекó от егó университéта.
в. котóрый нахóдится на рекé Невé.
г. котóрая живёт в Ярослáвле.
д. котóрая изучáет рýсское искýсство.
е. котóрые нахóдятся на рекé Вóлге.
ж. котóрый живёт в Ярослáвле.
з. котóрая нахóдится бли́зко от цéнтра гóрода.
и. котóрая рабóтает в хорóшей шкóле.
к. котóрое нахóдится недалекó от Европéйского университéта.
л. котóрый отли́чно игрáет в футбóл.
м. котóрый рабóтает в Казáни.

BONUS! If you finish early, work with you partner to set the record straight on the statements made below. There may be more than one way to straighten out the mistakes.

Образéц: — Амáнда — студéнтка, котóрая живёт в Казáни.
— Что ты! Амáнда — аспирáнтка, котóрая ýчится в Петербýрге.
— Что ты! Кéйтлин — студéнтка, котóрая живёт в Казáни

1. Дени́с — аспирáнт, котóрый ýчится в Иркýтске.

2. Тóни — англичáнин, котóрый рабóтает в Москвé.

3. Жéня — украи́нец, котóрый ýчится на факультéте фи́зики.

🎧 **4.6 ЗАДА́НИЕ 13. КАКО́Й ОТВЕ́Т?**
Your instructor will read a set of questions. Circle the most logical answer.

1.	Ама́нду и Же́ню.	Краси́вый дом.	На тре́тьем ку́рсе.
2.	В те́ксте.	Языки́.	Ама́нду.
3.	У Дени́са Гу́рина.	Ната́лью Миха́йловну За́йцеву.	Москву́.
4.	В Москве́.	Санкт-Петербу́рг.	Моя́ тётя.
5.	Наш брат.	У на́шего сосе́да.	В гараже́.
6.	Тре́тий.	Фи́зику.	На пе́рвом.
7.	Из Бо́стона.	Здесь.	В Нью-Йо́рке.
8.	Эконо́мику.	У Ка́ти.	О лингви́стике.

4.6 ЗАДА́НИЕ 14. КТО? КОГО́? У КОГО́? О КОМ?
Work with a partner to choose the appropriate form of "who/whom" from the phrase bank.

Кто..?	Кого́..?	У кого́..?	О ком..?

1. — _____ сего́дня рабо́тает в библиоте́ке?
   — Ми́ша.

2. — _____ нет на ле́кции сего́дня?
   — Ле́ны.

3. — _____ вы зна́ете в на́шей гру́ппе?
   — И́горя и Ле́ну.

4. — _____ Ле́на и И́горь говори́ли в кафе́?
   — О Светла́не Бори́совне.

5. — _____ есть электроча́йник?
   — У Ама́нды.

Между нами: Рабо́та в аудито́рии

4.6 Задание 15. Интервью: вопросы

a. Natalya Mikhailovna was interviewed by a foreign student at Moscow State University who knew very little Russian and did a very basic interview. Reconstruct the questions he asked by filling in the blanks with appropriate words and phrases.

1. — _____ вас зовут?
   — Меня зовут Наталья Михайловна.

2. — _____ есть дети?
   — Да, у меня есть сын и дочь.

3. — _____ вы работаете?
   — Здесь, в МГУ.

4. — _____ университете вы учились?
   — Я училась в Институте русского языка.

5. — _____ ваша фамилия?
   — Зайцева.

6. — _____ ваш муж?
   — Он из Петербурга.

7. — _____ вы изучали в университете?
   — Филологию. Языки.

8. — _____ собака или кошка?
   — У меня есть кошка.

9. — _____ вы родились?
   — В Москве. Я москвичка.

10. — Вы были в Англии?
    — Я была в Оксфорде и в Лондоне.

11. — _____ вы живёте в Москве?
    — На Кутузовском проспекте.

12. — _____ языки вы знаете?
    — Я неплохо знаю английский язык, говорю немного по-немецки.

13. — _____ вы были в Англии?
    — Я была на конференции.

14. — _____ вы любите делать, когда вы не работаете?
    — Я и муж любим гулять в парке.

15. — _____ музыку вы слушаете?
    — Классическую музыку и поп.

б. At present, the interview sounds like a interrogation with questions in almost random order. Work with a partner to reorder the questions so that a more natural conversation emerges. Indicate the new order by numbering the sentences in the blanks on the left. Practice reading the resulting interview aloud.

4.6 Задáние 16. Хорóшее интервью́

a. Now we will work on improving the student's interview style. Work with a partner to recall as many expressions as you can to use in the following situations:

opening / greeting expressions & ending the interview	indicating that you did not understand (slow down, spell, repeat)	signaling that you want to ask a question
Это, навéрное, всё. Спаси́бо большо́е.		

signalling that you want to get information, asking to tell about yourself / family	signaling understanding	signalling interest or surprise

б. Now go back to the interview in Задáние 15, and see where you can add in some of these elements to make the interview seem less like an interrogation. You will have a chance to act out part of your improved interview for the whole class.

4.6 Задание 17. Обзорное (Review) упражнение

Work with a partner to read the sentences below. Indicate the case of each underlined word or phrase by writing the appropriate letter over it.

- N = Nominative
- G = Genitive
- A = Accusative
- P = Prepositional

1. Родители <u>Жени Кузнецова</u> родились в <u>СССР</u>, в <u>Ленинграде</u>, а Женя родился уже в <u>Российской Федерации</u>, в Санкт-Петербурге. Женя — <u>друг</u> <u>Олега Панченко</u>, а Олег – <u>бойфренд</u> <u>соседки</u> <u>Аманды</u>. <u>Соседку</u> зовут Катя.

2. Женя очень любит писать <u>стихи</u>, хотя он учится на <u>факультете</u> <u>математики</u>. Он хотел изучать <u>языки</u>, но его <u>родители</u> думали, что <u>филология</u> — непрактичный предмет.

3. <u>Отца</u> Жени зовут Сергей. Аманда не знает, как зовут <u>маму</u> <u>Жени</u>. А <u>отца</u> <u>Аманды</u> зовут Роберт. Её <u>мать</u> зовут Линда.

4. Аманда любит <u>Шагала</u>, <u>Кандинского</u> и <u>Малевича</u>, и она пишет <u>диссертацию</u> о <u>русском искусстве</u>.

5. Аманда Ли — американская аспирантка, <u>которая</u> родилась в <u>Калифорнии</u>, а Женя Кузнецов — русский из <u>Санкт-Петебурга</u>.

6. Женя живёт на <u>Петроградской</u> стороне <u>Санкт-Петербурга</u>. Его дом находится недалеко от <u>хорошего бассейна</u>.

IMAGE INFORMATION

4.6 Текст: Хочу́ рассказа́ть о Же́не
1. "Wink" by Adam Schraff is licensed under CC BY 3.0 US. Last accessed 5/26/16. https://thenounproject.com/term/wink/407485/.

Уро́к 5: Часть 1

🎧 5.1 Зада́ние 1. Э́то день и́ли ме́сяц?

Listen as your instructor reads a list of words. Place a check mark in the appropriate column to indicate whether the word you hear refers a **день** (day of the week) or a **ме́сяц** (month). *Hint: Months mostly sound like English cognates; days do not.*

	Э́то день.	Э́то ме́сяц.
1.	✓	
2.	✓	✓
3.		✓
4.	✓	
5.	✓	✓
6.		✓
7.		✓
8.	✓	
9.	✓	
10.		✓
11.	✓	
12.		✓

5.1 Зада́ние 2. Како́й э́то день?

Your instructor will give you some cards with the days of the week on them. Put the cards in order according to how Russian calendars display the days. Practice saying the days aloud as you work.

🎧 5.1 Задáние 3. Какóй э́то день?

As your instructor reads a list of dates aloud, circle them on the calendar below. Be ready to say what days of the week each of those dates are. Note that some Russian calendars, like the one below, run the days of the week vertically rather than horizontally. The week also begins on Monday rather than on Sunday, as it does on U.S. calendars.

Календарь на 2017 год

	январь						февраль					март			
пн		2	9	16	23	30		6	13	20	27		6	13	20	27
вт		3	10	17	24	31		7	14	21	28		7	14	21	28
ср		4	11	18	25		1	8	15	22		1	8	15	22	29
чт		5	12	19	26		2	9	16	23		2	9	16	23	30
пт		6	13	20	27		3	10	17	24		3	10	17	24	31
сб		7	14	21	28		4	11	18	25		4	11	18	25	
вс	1	8	15	22	29		5	12	19	26		5	12	19	26	

	апрель					май					июнь				
пн		3	10	17	24	1	8	15	22	29		5	12	19	26
вт		4	11	18	25	2	9	16	23	30		6	13	20	27
ср		5	12	19	26	3	10	17	24	31		7	14	21	28
чт		6	13	20	27	4	11	18	25		1	8	15	22	29
пт		7	14	21	28	5	12	19	26		2	9	16	23	30
сб	1	8	15	22	29	6	13	20	27		3	10	17	24	
вс	2	9	16	23	30	7	14	21	28		4	11	18	25	

	июль					август					сентябрь				
пн		3	10	17	24	31		7	14	21	28		4	11	18	25
вт		4	11	18	25		1	8	15	22	29		5	12	19	26
ср		5	12	19	26		2	9	16	23	30		6	13	20	27
чт		6	13	20	27		3	10	17	24	31		7	14	21	28
пт		7	14	21	28		4	11	18	25		1	8	15	22	29
сб	1	8	15	22	29		5	12	19	26		2	9	16	23	30
вс	2	9	16	23	30		6	13	20	27		3	10	17	24	

	октябрь					ноябрь					декабрь				
пн		2	9	16	23	30		6	13	20	27		4	11	18	25
вт		3	10	17	24	31		7	14	21	28		5	12	19	26
ср		4	11	18	25		1	8	15	22	29		6	13	20	27
чт		5	12	19	26		2	9	16	23	30		7	14	21	28
пт		6	13	20	27		3	10	17	24		1	8	15	22	29
сб		7	14	21	28		4	11	18	25		2	9	16	23	30
вс	1	8	15	22	29		5	12	19	26		3	10	17	24	31

5.1 Задáние 4. Календáрь: врéмя идёт óчень быстро (Time Goes Very Quickly)!

You have left your phone at home, and are trying to figure out some dates without having a calendar handy. Your partner is trying to do the same, but s/he needs information about a different month than you do. Follow the instructions to find out on which days of the week these dates occur. Use the handouts your teacher gives you.

Образéц: You think August 5th is probably a Thursday.
— Скажи́, пя́тое áвгуста — четвéрг, да?

If your partner has a calendar that shows August, s/he can respond:

август						
Пн	Вт	Ср	Чт	Пт	Сб	Вс
	1	2	3	4	5	6
7	8	9	10	11	12	13
14	15	16	17	18	19	20
21	22	23	24	25	26	27
28	29	30	31			

— Нет, что ты! Пя́тое áвгуста — суббóта.
— Поня́тно. Спаси́бо.

Мéжду нáми: Рабóта в аудитóрии

5.1 Задание 5. Когда?

Select the role of either Студент(ка) А or Студент(ка) Б and ask a partner when the events in your question set are happening. You will get a card with the information that will help you answer your partner's questions. Listen for the answer and write in the appropriate time expression to the right of the question.

Use the two conversations below as possible models for your interactions.

— Сегодня среда. Когда баскетбольный матч?
— Матч уже был! Он был во вторник.
— Матч был вчера? А я не знал(а)!

— Сегодня среда. Когда концерт?
— Концерт будет (will be) в четверг вечером.
— Значит, завтра вечером?
— Да.

Студент(ка) А:	позавчера? вчера? сегодня? завтра?
Сегодня четверг. Когда джаз-концерт?	
Сегодня пятница. Когда будет новый фильм?	
Сегодня вторник. Когда наша контрольная работа?	
Сегодня воскресенье. Когда надо сдать (turn in) сочинение?	

Студент(ка) Б:	позавчера? вчера? сегодня? завтра?
Сегодня среда. Когда рок-концерт?	
Сегодня воскресенье. Когда футбольный матч?	
Сегодня четверг. Когда лекция российского политика?	
Сегодня пятница. Когда концерт хора (хор = choir)?	

🎧 5.2 Зада́ние 1. В како́м поря́дке (In what order) э́то де́лают?

Listen as your instructor describes the morning routines of some characters from our story. Using the pictures of Caitlin's morning routine as a guide, fill in the blanks with the corresponding letters to reflect the order in which each person performs the actions. The first one has been done for you as a model.

а.   б.   в.   г.   д.   е.

0. Оле́г _б_ , _в_ и _а_ .
1. Мони́к Дюбуа́ ____, ____ и ____.
2. Ната́лья Миха́йловна ____, ____ и ____.
3. Ри́мма Ю́рьевна ____, ____ и ____.
4. Джош ____, ____ и ____.
5. Роди́тели Дени́са ____, ____ и ____.
6. Ли́за Гу́рина ____, ____ и ____.

5.2 Зада́ние 2. Что де́лает Ке́йти в понеде́льник?

The word bank includes all of Caitlin's daily activities for Monday. Work with a partner to place the activities in the appropriate column and in the correct order to create four sentences describing her day. Read each sentence aloud as you complete it. One activity has already been placed in the correct column for you.

одева́ется	встаёт	обе́дает в столо́вой
у́жинает	~~спит~~	опа́здывает
идёт домо́й	занима́ется	убира́ет ко́мнату
принима́ет душ	ложи́тся спать	рабо́тает на компью́тере
чи́стит зу́бы	за́втракает	идёт в университе́т

У́тром Ке́йти…	Днём Ке́йти…	Ве́чером Ке́йти…	А но́чью она́…
			спит

5.2 Задáние 3. Что ты сейчáс дéлаешь?

а. Your teacher will give you and a partner a set of cards. Some of them will have just pictures, while others will have just phrases. Working together, match the picture cards with the phrase cards. If you finish early, quiz each other using the picture cards.

б. Now imagine a situation in which you and a friend call each other constantly, and are willing to answer your phone in the middle of almost any activity.

Shuffle the picture cards and turn them upside down on the table. Ask your partner what s/he is doing and wait while s/he draws a card. You will need to give some appropriate reaction to the answer you receive. Here is a model for your dialogue:

— Что ты сейчáс дéлаешь?
— Я принимáю душ.
— Сейчáс?

🎧 5.2 Задáние 4. А какóй у тебя́ день? Что ты дéлаешь в понедéльник?

а. Listen as your teacher reads the checklist aloud, and place a check mark next to any activities that you normally do on a Monday and/or on a Saturday.

В понедéльник...	И в суббóту... / А в суббóту...
✓ я встаю́ рáно (early).	___ я встаю́ рáно (early).
___ я встаю́ не óчень рáно.	✓ я встаю́ не óчень рáно.
✓ я зáвтракаю в столóвой.	___ я зáвтракаю в столóвой.
✓ я зáвтракаю в кóмнате.	___ я зáвтракаю в кóмнате.
___ я не зáвтракаю.	___ я не зáвтракаю.
___ у́тром я принимáю душ.	✓ у́тром я принимáю душ.
✓ я бы́стро (quickly) одевáюсь.	✓ я одевáюсь бы́стро (quickly).
___ я мéдленно одевáюсь.	___ я одевáюсь мéдленно.
___ я занимáюсь в кóмнате.	___ я занимáюсь в кóмнате.
✓ я занимáюсь в библиотéке.	✓ я занимáюсь в библиотéке.
___ я читáю газéту в интернéте.	___ я читáю газéту в интернéте.
✓ я обéдаю в столóвой.	✓ я обéдаю в столóвой.
✓ я убирáю кóмнату.	✓ я убирáю кóмнату.
✓ вéчером я сплю в библиотéке.	___ вéчером я сплю в библиотéке.
✓ вéчером я принимáю душ.	___ вéчером я принимáю душ.
___ я ложу́сь спать рáно.	___ я ложу́сь спать рáно.
✓ я ложу́сь спать пóздно (late).	✓ я ложу́сь спать пóздно (late).

б. Work with a partner to contrast your activities on Monday with those on Saturday. Take turns reading your answers aloud. Use **И в суббóту** if your activity is the same on both days, and **А в суббóту** if there is a contrast.

в. Now put the activities in the last exercise in the order in which you might normally do them on a Monday. Share your Monday with your partner and see what you have in common, using the following structure:

В понеде́льник у́тром я... / В понеде́льник днём я... / А в понеде́льник ве́чером я...

5.2 ЗАДА́НИЕ 5. КОГДА́?

Put the time expressions below in chronological order with times that occur before **сего́дня днём** on the left and ones that occur after it on the right. It is okay to write the numbers rather than the full words in the boxes, but say the phrases aloud as you sort them.

1. вчера́ у́тром	2. за́втра днём	3. за́втра ве́чером
4. позавчера́ ве́чером	5. сего́дня у́тром	6. позавчера́ днём
7. сего́дня ве́чером	8. вчера́ днём	9. ~~сего́дня днём~~

Furthest in the past							Furthest in the future
				9 сего́дня днём			

5.2 ЗАДА́НИЕ 6. КОГДА́? КАК ЭТО СКАЗА́ТЬ ПО-РУ́ССКИ?

Match each Russian phrase on the left to its English equivalent on the right. Remember that **но́чью** describes only the time between midnight and early morning.

1. ___ сего́дня у́тром
2. ___ за́втра ве́чером
3. ___ вчера́ днём
4. ___ вчера́ ве́чером
5. ___ сего́дня днём
6. ___ вчера́ у́тром
7. ___ сего́дня ве́чером
8. ___ в понеде́льник днём
9. ___ в суббо́ту ве́чером
10. ___ в воскресе́нье у́тром

а. last night
б. this afternoon
в. tonight
г. on Saturday night
д. yesterday morning
е. on Monday afternoon
ж. yesterday afternoon
з. tomorrow night
и. on Sunday morning
к. this morning

5.2 Задание 7. Они идут или едут?

The following set of pictures shows people and pets heading to various destinations. Working with a partner, read each sentence aloud and choose the picture(s) that best represent the sentence. Pay careful attention to whether the motion described is on foot or by means of a vehicle. More than one picture may work for each sentence.

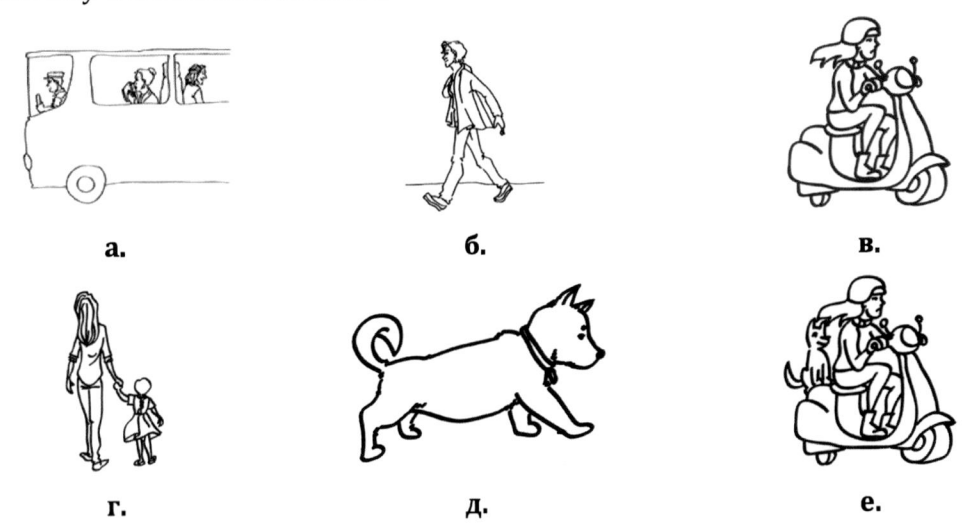

а.

б.

в.

г.

д.

е.

1. _____ Она идёт в университет.
2. _____ Она едет в центр.
3. _____ Она идёт домой?
4. _____ Вы едете домой?
5. _____ Они идут в парк.
6. _____ Ты едешь на работу?
7. _____ Он едет очень медленно!
8. _____ Смотри, там едет собака!
9. _____ Наверное, она идёт на работу.

5.2 ЗАДА́НИЕ 8. НО́ВЫЙ СОСЕ́Д/НО́ВАЯ СОСЕ́ДКА. О ЧЁМ МЫ СПРА́ШИВАЕМ?

a. You are interviewing prospective new roommates and need to come up with a series of five questions to decide whom to choose. If you are looking for a **сосе́д(ка) по ко́мнате** (someone to share a room), indicate your choices in the left-hand column. If you are looking for a **сосе́д(ка) по кварти́ре** (someone to share an apartment), indicate your choices in the right-hand column.

но́вый сосе́д / но́вая сосе́дка по ко́мнате. Мои́ вопро́сы:		**но́вый сосе́д / но́вая сосе́дка по кварти́ре.** Мои́ вопро́сы:
____	Когда́ ты обы́чно встаёшь?	____
____	Когда́ ты обы́чно ложи́шься спать?	____
____	Ты обы́чно принима́ешь душ у́тром и́ли ве́чером?	____
____	Где ты обы́чно занима́ешься?	____
____	Когда́ ты обы́чно занима́ешься?	____
____	Ты гото́вишь? А что ты обы́чно гото́вишь?	____
____	Ты обе́даешь до́ма и́ли в столо́вой?	____
____	Ты у́тром за́втракаешь? Ты пьёшь ко́фе?	____
____	Каку́ю му́зыку ты слу́шаешь?	____
____	Ты игра́ешь на инструме́нте?	____
____	Ты убира́ешь ко́мнату?	____
____	Когда́ ты чи́стишь зу́бы?	____

б. Compare notes with others in your class. Do you agree about your questions?

5.2 Задáние 9. Мáленькие словá: когдá?

a. Match the Russian expressions of frequency on the left to their English equivalents on the right. Read the words aloud to yourself as you match them. One has been done for you.

1. ____ обы́чно
2. ____ никогдá не
3. ____ всегдá
4. __а__ иногдá
5. ____ чáсто
6. ____ рéдко

а. ~~sometimes~~
б. rarely
в. usually
г. often
д. always
е. never

б. Now order the expressions above from least frequent to most frequent.

least frequent					most frequent
			обы́чно		

5.2 Задáние 10. Ситуáции

Work with a partner to recall what to ask or say in the following situations.

а.	You want to know why your roommate goes to bed so late (так пóздно).	е.	You need to find out how often (Как чáсто) students in Moscow eat lunch in the dining hall.
б.	You want to know why your friends are always late.	ж.	You are surprised to see your roommate cooking. Ask what s/he is cooking.
в.	You want to find out when your new roommate usually gets up in the morning.	з.	Explain to your host family that in the U.S. you used to shower in the morning, but now (а тепéрь) you shower in the evening.
г.	You are complaining that your roommate sleeps all day and studies late at night.	и.	You have heard your apartment mate listening to heavy metal music; you want to know if s/he listens to metal frequently.
д.	You are with a group of tourists and need to know when you are eating breakfast. Ask the guide.	к.	Your phone rings while you are on your way to class (on foot). Tell your friend what you are doing.

5.3 Имéйл Кéйтлин

Before coming to class, read this episode online and fill out the text matrix in 5.3 упражнéние A of the Домáшние задáния.

> Дорогáя Алексáндра Григóрьевна!
>
> Пишý из Казáни. Здесь я живý в óчень хорóшей семьé. Хозя́йку зовýт Рѝмма Ю́рьевна, онá óчень прия́тная. Онá по профéссии шкóльная учи́тельница. Её муж — большóй бизнесмéн. Егó зовýт Марáт Азáтович. Он тóже интерéсный человéк, но óчень мнóго кýрит. Это óчень неприя́тно.
>
> Я не вéрю, что ужé конéц сентября́. Как бы́стро идёт врéмя! Я ужé неплóхо знáю центр гóрода, райóн, где я живý и райóн, где нахóдится университéт.
>
> Я хочý рассказáть, какѝе у меня́ заня́тия и какóе у меня́ расписáние в университéте. В понедéльник и в четвéрг у меня́ три пáры. Пéрвая пáра — фонéтика. Это такóй трýдный предмéт, и преподавáтель Нѝна Фили́пповна óчень стрóгая. Чéстно говоря́, я не óчень люблю́ её урóки. Мóжет быть поэ́тому я иногдá опáздываю. Вторáя пáра — граммáтика. Её преподаёт Анатóлий Михáйлович, котóрый всё врéмя повторя́ет óчень стрáнную фрáзу «вели́кий и могýчий рýсский язы́к». Я не понимáю, почемý он говори́т э́ти словá, но знáю, что он их óчень лю́бит.
>
> Днём мы обéдаем, а потóм у нас разговóрная прáктика. Разговóрная прáктика у нас кáждый день. Преподавáтель óчень молодáя, её зовýт Людми́ла Андрéевна, но мы все зовём её прóсто Мѝла. Онá замечáтельная! Такáя ми́лая, такáя дóбрая. Мѝла óчень краси́во одевáется и знáет все интерéсные местá в гóроде — хорóшие кафé, танцклýбы, музéи и дáже недороги́е магази́ны.
>
> Во втóрник и в пя́тницу у нас тóлько две пáры. Во втóрник ýтром у нас лéкция. Преподавáтель óчень интерéсно расскáзывает об истóрии и культýре Татарстáна. Это такáя интерéсная тéма! А в пя́тницу другáя лéкция — рýсское кинó. В срéду у нас обы́чно бывáют экскýрсии.
>
> Вéчером я и Рѝмма Ю́рьевна вмéсте готóвим ýжин, ýжинаем и смóтрим нóвости. Пóсле ýжина я дéлаю домáшние задáния, потóм принимáю душ, чи́щу зýбы и ложýсь спать. Éсли домáшнее задáние большóе, я обы́чно мáло сплю. А в суббóту и воскресéнье я мнóго сплю. Я встаю́ пóздно и не зáвтракаю, сначáла убирáю кóмнату, потóм идý гуля́ть. Обéдаю я обы́чно в кафé и там немнóго рабóтаю на компью́тере. В суббóту вéчером в гóроде чáсто бывáют интерéсные концéрты. А в воскресéнье вéчером я обы́чно дóма, мнóго занимáюсь, пишý сочинéния и ложýсь спать рáно.
>
> Алексáндра Григóрьевна, мне здесь óчень нрáвится. Я óчень рáда, что в э́том годý я учýсь в Росси́и.
>
> Пожáлуй, покá всё. Надéюсь, что у Вас всё хорошó, всё в поря́дке. Пиши́те.
>
> Вáша Кéйтлин

5.3 Задание 1. О чём Кейтлин пишет в имейле?

Work with a partner to match the beginning of each sentence on the left with an appropriate ending on the right. Refer back to the text on the previous page if needed. Read the completed sentences aloud.

1. ____ Я хочу рассказать,…
2. ____ В понедельник у меня первая пара —…
3. ____ Преподаватель очень строгая, и…
4. ____ Может быть поэтому я часто…
5. ____ Вторая пара в понедельник и…
6. ____ Преподаватель грамматики…
7. ____ Днём после обеда у нас…
8. ____ Преподаватель молодая и очень энергичная, и…
9. ____ Во вторник утром у меня…
10. ____ В среду у нас обычно бывают…

а. я не очень люблю её уроки.
б. четверг — грамматика.
в. разговорная практика.
г. какие у меня занятия.
д. история и культура Татарстана.
е. опаздываю.
ж. экскурсии.
з. всегда повторяет фразу «великий и могучий русский язык».
и. мы все её очень любим.
к. фонетика.

5.3 Задáние 2. Замечáем (Noticing) и понимáем

Review the text and take note of how Caitlin combines time expressions with **у меня́** to explain her schedule. Using what you find as a model, provide Russian equivalents for the sentences below.

1. On Monday and Thursday I have phonetics.
   _____

2. On Tuesday morning we have a lecture.
   _____

3. On Wednesday we usually have excursions.
   _____

4. I want to tell you what classes I have and what my schedule is.
   _____

5. We have conversation practice every day.
   _____

5.3 Задáние 3. Какóе у меня́ расписáние?

Review what you have learned about Caitlin's schedule to fill in the missing information in the table below. Then fill in your own information for comparison. When you are finished, describe your schedule to a partner. Are your **schedules similar to each other?** The phrases in the table will help you to structure your conversation.

У Кéйтлин в понедéльинк у́тром…	А у меня́ в понедéльник у́тром…
Кéйтлин обéдает в столóвой.	И я тóже / А я…
В четвéрг пóсле обéда у неё…	А у меня́ в четвéрг пóсле обéда…
Сáмый (the most) трýдный день у Кéйтлин, по-мóему –…	А у меня́ сáмый (the most) трýдный день…
Почемý? Я так дýмаю, потомý что у Кéйтлин в (on what day?)…	Почемý? Я так дýмаю, потомý что у меня́ в (on what day?)…

5.3 Задáние 4. Перевóд (Translation)

Work with a partner to come up with Russian equivalents of these English sentences. Try to complete the exercise without looking the hints provided, using them only to check that you have not left out any words and that you have the correct word order. Read your Russian sentences aloud as you complete them.

1. "What kind of schedule do you have?"

    "Monday, Wednesday and Friday morning I have Russian and Anthropology. Tuesday and Thursday I have History, which isn't very interesting, so I'm often late."

    _____
    _____
    _____
    _____
    _____
    _____

    какóй / у / ты / расписáние / ?

    У / я / в / понедéльник / , / средá / и / пя́тница / рýсский язы́к / и / антрополóгия. / В / втóрник / и / четвéрг / у / я / истóрия / , / котóрый / не / óчень / интерéсный / , / поэ́тому / я / чáсто / опáздывать.

2. We have classes every day. On Saturday we usually have excursions, so I get up early. But on Sunday morning I sleep a lot, and in the afternoon I walk around.

    _____
    _____
    _____
    _____
    _____
    _____

    У / мы / заня́тия / кáждый / день./ В / суббóта / у / мы / обы́чно / бывáют (usually are) / экскýрсии / , / поэ́тому / я / вставáть / рáно./ А / в / воскресéнье / ýтром / я / мнóго / спать / , / а / днём / я / гуля́ть.

Урóк 5: часть 2

🎧 5.4 Задáние 1. Котóрый сейчáс час?

Listen as your instructor reads out the time in two cities. Write in the time difference between those cities in the blank. Note that the pairs of cities will not be read in the order listed here.

Boston to Los Angeles: - _3_ hour(s)

Yaroslavl' to Irkutsk: + ____ hour(s)

San Francisco to Nebraska: + _2_ hour(s)

London to Paris: + _1_ hour(s)

Berlin to Moscow: + _3_ hour(s)

Chicago to New York: + _1_ hour(s)

5.4 Задáние 2. Котóрый час?

Read the 24-hour clock times given below with a partner, and write in the corresponding time for the 12-hour clock. Do not forget to write in the appropriate ending on the word **час** as you work. Take turns reading the new sentences aloud.

1. 21.00 Сейчáс __9__ часóв.
2. 23.00 Сейчáс __6__ часов.
3. 15.00 Сейчáс __3__ часа.
4. 13.00 Сейчáс __7__ часов.
5. 20.00 Сейчáс __12__ часов.
6. 14.00 Сейчáс __10__ часов.
7. 19.00 Сейчáс __4__ часа.
8. 16.00 Сейчáс __8__ часов.
9. 22.00 Сейчáс __11__ часов.

5.5 Задáние 1. Кремль не тóлько в Москвé! Начáло и конéц предложéния

Work with a partner to match the beginning of each sentence on the left with an appropriate ending on the right. Read the completed sentences aloud.

1. ____ Кéйтлин éдет…   а. что в Казáни есть Кремль.
2. ____ У Кéйтлин экскýрсия…   б. ужé почти вóсемь часóв.
3. ____ Амáнда не знáла,…   в. здóрово, что Джош идёт на Би-2.
4. ____ Тóни говори́т, что в Ярослáвле…   г. в центр.
5. ____ В Иркýтске…   д. тóже есть Кремль.
6. ____ Джош идёт…   е. в Кремль.
7. ____ Кéйтлин дýмает, что э́то… ж. потомý что онá не идёт на концéрт.
8. ____ Кéйтлин зави́дует (envies) Джóшу… з. на концéрт.

🎧 5.5 Задáние 2. Какѝе плáны у вáшего преподавáтеля?

a. You will hear a series of statements about places your instructor may go this week. Based on what you know of your instructor, decide whether you think s/he is definitely going to that place (**да**), is probably going to that place (**навéрное**) or is not likely to go to that place (**навéрное, нет**). Place a check mark in the appropriate column.

	Да	Навéрное	Навéрное, нет
1.		✓	
2.	✓		
3.		✓	
4.	✓	✓	
5.	✓		
6.			✓
7.	✓		
8.		✓	

б. Now you will hear the places where your instructor is actually going this week. Give yourself **однó очкó** (one point) for each **Да** answer that you got correct.

Скóлько очкóв? ____

5.5 Задáние 3. Ты идёшь..? Ты éдешь..?

a. Read through the following lists and place a check mark next to any locations to which you plan to go today or tomorrow. Note the different verbs used in the two lists.

Сегóдня или зáвтра я идý...	Сегóдня или зáвтра я éду...
✓ в библиотéку.	____ в Нью-Йóрк.
____ в аптéку.	____ в Бóстон.
____ в центр.	~~нет~~ в Вашингтóн.
____ в фúтнес-цéнтр.	____ в Сан-Францѝско.
____ в общежúтие, где живýт друзья́.	~~нет~~ в Чикáго.
~~нет~~ на стадиóн.	____ в Атлáнту.
____ в столóвую.	____ в Кáнзас-Сѝти.

б. Compare your answers with a classmate by reading your choices aloud as complete sentences. Be sure to notice the endings as you read.

As you listen to your partner, respond **Я тóже** if you have the same answer. Give yourself a point for every answer you have in common with your partner.

Скóлько очкóв? ____

5.5 Задание 4. Куда они идут?

a. Based on what you know about the characters from our story, work with a partner to draw lines to connect the people on the left with their possible destinations on the right. Read your complete sentences aloud as you create them. Your instructor may assign you to work on one or two of the days rather than all of them.

Сегодня вторник.	
Утром Аманда идёт…	в библиотеку заниматься.
Днём Денис идёт…	на работу.
Утром Лиза, сестра Дениса, идёт…	в школу.
Утром Римма Юрьевна идёт…	в магазин.
После обеда Кейтлин идёт…	домой.
После работы Римма Юрьевна идёт…	на семинар.
	на лекцию.
	в Московский университет.

Сегодня среда.	
	в университетскую столовую.
После первой пары Кейтлин идёт…	в бассейн.
В час Наталья Михайловна идёт…	на экскурсию.
Вечером Джош идёт…	в парк гулять.
Днём после лекции Аманда идёт…	в мексиканский ресторан.
	в общежитие.

Сегодня суббота.	
	в кино.
Вечером Тони идёт…	в университет.
В субботу днём Кейтлин идёт…	на рынок.
Утром Зоя Степановна идёт…	на поп-концерт.
Римма Юрьевна идёт…	в театр.
	в аптеку.

Сегодня воскресенье.	
Утром Тони идёт…	в консерваторию на концерт.
Джош идёт…	в магазин «Твоя музыка».
Денис идёт…	в церковь.
Абдуловы идут…	в фитнес-центр.
Аманда и Женя идут…	в «Идеальную чашку».
	на стадион смотреть футбол.

б. Now compare the destinations you chose with those of your classmates by reading your sentences aloud. How many do you agree upon?

5.5 Задание 5. Какого рода? (What Gender?)

Look back at the destinations in the previous activity, and sort them into categories based upon their gender. As you sort them, copy the whole phrase [preposition + accusative case form] into the appropriate box below. One has been done for you as an example.

Masculine nouns	Feminine nouns	Neuter nouns
	в библиотеку	

5.5 Задáние 6. Ты идёшь..? Ты éдешь..? (ЛОТÓ!)

Circulate among your classmates to find someone planning to go to the destinations specified in the table below. Make sure to ask yes/no questions with proper intonation. You should only ask one question before switching partners. If you find someone planning to go to a given destination, write their name in the appropriate box. Try to get a row of names across, down or diagonally. When you get a complete row in any direction, call out **Квартúра**!

Ваш вопрóс: Ты идёшь..? / Ты éдешь..?

Я идý на рабóту.	Я éду в большóй супермáркет.	Я éду домóй (Там мои родúтели!).
(Ты идёшь...?)	(Ты éдешь...?)	(Ты éдешь...?)
Я идý в библиотéку.	Я идý в аптéку.	Я идý на стадиóн.
(Ты идёшь...?)	(Ты идёшь...?)	(Ты идёшь...?)
Я éду в Нью-Йóрк / в Сент-Лýис.	Я идý в хорóший ресторáн.	Я идý на концéрт.
(Ты éдешь...?)	(Ты идёшь...?)	(Ты идёшь...?)

Мéжду нáми: Рабóта в аудитóрии

🎧 5.5 Задáние 7. Кудá или где?

a. You will watch a presentation in which you will see a pair of images, one depicting a destination (where you are going) and the other depicting a location (where you are). Indicate which form of each word below is used for a destination (D) and which form is used for a location (L) by writing the appropriate letter in the blanks. The forms are not given in a consistent order, so pay attention to the endings and how they correspond to the pictures.

1. ____ парк   ____ пáрке
2. ____ школе   ____ школу
3. ____ музее   ____ музей
4. ____ институт   ____ институте
5. ____ ресторáне   ____ ресторáн
6. ____ óзеро   ____ óзере
7. ____ пóчту   ____ пóчте
8. ____ консерватóрии ____ консерватóрию

б. In the continuation of the presentation, you will hear a sentence that describes one of the two pictures in the destination/location pair. Write down the letter of the picture that is described in the sentence. Remember that you can tell which picture is being described by looking at the form of word for the place — is it in the *location* (prepositional case) form, or in the *destination* (accusative case) form?

1. ____
2. ____
3. ____
4. ____
5. ____
6. ____
7. ____

5.5 Задáние 8. Денúс говорúт по телефóну

Denis often gets calls from friends, who start by asking where he is or where he is headed at the moment. Look at his statements below and indicate whether he is heading somewhere (destination; accusative case) or whether he is already there (location; prepositional case). Since he is speaking colloquially, he has left out the "going" verbs, so your only clue will be the noun ending.

	Денúс говорúт:	On his way / headed to	Is already there / where he is
1.	Я сейчáс в университéте.	___	___
2.	Я сегóдня на стадиóн.	___	___
3.	Я сейчáс в теáтре.	___	___
4.	Сейчáс? В общежúтие.	___	___
5.	В два часá я в фúтнес-цéнтр.	___	___
6.	В срéду я на семинáре.	___	___
7.	Я в библиотéку.	___	___
8.	Я сегóдня в музéе.	___	___
9.	Сегóдня? На экскýрсию.	___	___
10.	Нет, в общежúтии.	___	___
11.	Сейчáс? Домóй.	___	___
12.	Сейчáс? В столóвой.	___	___

5.5 Задáние 9. Мы éдем… / Мы бýдем…

Rimma Yur'evna really likes to travel, and is describing her upcoming vacation plans to Caitlin. Read the sentences below and pay attention to the place phrase to decide whether it expresses a location (prepositional case) or a destination (accusative case). Complete each sentence with the appropriate phrase:

- **мы бýдем** (we will be) if Rimma Yur'evna uses a **location** form OR
- **мы éдем** (we are going to) if she uses a **destination** form

1. В декабрé, конéчно, _____ в Россúи.
2. А в январé _____ в Тýрцию, в Стамбýл.
3. Зимóй _____ в Казáни. ____ никудá не _____.
4. В ию́не _____ в Парúж.
5. А в ию́ле и в áвгусте? Я ещё не знáю, какúе у нас плáны, но я могý сказáть, что _____ не в гóроде.

Мéжду нáми: Рабóта в аудитóрии

5.5 Задание 10. Verbs Ending in -овать (Stems in -уй-)

The following Russian verbs have very close English cognates that should help you determine their meaning. Their infinitives all end in **-овать**, but their conjugated forms have the stem **-уй**-. Here are some examples of one of these verbs used in context:

- Кéйтлин **фотографи́рует** всё, что онá ви́дит в цéнтре Казáни.
- На террито́рии Кремля́ мо́жно **фотографи́ровать**. А в цéркви и в мечéти **фотографи́ровать** нельзя́ (not allowed).

Use those examples to fill in the missing letters below:

<u>conjugated form</u>　　　　　　　　<u>infinitive</u>

Онá фотографи́р___ет　　　　　　фотографи́р___ ___ ___ть

Now work with a partner to read the sentences below aloud. Be sure to sound out the new words carefully to help determine their meaning. Translate the sentences orally into English, and then write the infinitive for each verb in the blank provided.

　　　　　　　　　　　　　　　　　　　　　　　　　　　　инфинити́в

1. Что **импорти́рует** Росси́я?　　　　　　　　　_____
2. Вы обы́чно **аплоди́руете** в концé лéкции?　_____
3. Мы **гаранти́руем** финанси́рование проéкта.　_____
4. Почему́ он всегдá **комáндует**?　　　　　　　_____
5. Э́то хоро́шее кафé, да? Что ты **рекоменду́ешь**?　_____
6. Кáтя о́чень лю́бит, когдá Олéг её **целу́ет**.　_____
7. Почему́ вы меня́ всегдá **критику́ете**?　　　_____
8. Онá слу́шает нáши презентáции и **комменти́рует** их.　_____

5.5 Зада́ние 11. Кака́я нужна́ фо́рма?

Work with a partner to read the following sentences aloud, filling in the blanks with verb forms from the word bank. Some sentences will require conjugated forms, while others will require infinitive forms. You may need to use some verb forms from the word bank more than once.

гаранти́ровать	гаранти́рую	рекомендова́ть
смотре́ть	смотрю́	рекоменду́ете
фотографи́ровать		фотографи́рует

1. Оди́н студе́нт в на́шей гру́ппе _____ всё и всех (everyone) — все интере́сные па́мятники, все музе́и, все магази́ны, все па́рки, наш университе́т, да́же на́шу аудито́рию и на́шего преподава́теля. У него́ на Facebook о́чень большо́й альбо́м. Я не понима́ю, почему́ на́до _____ абсолю́тно всё. Но он ду́мает, что э́то интере́сно.

2. — Каки́е ру́сские фи́льмы вы _____ смотре́ть? Я люблю́ _____ коме́дии.

   — Поня́тно. Я могу́ _____ фильм «Карнава́льная ночь». Он ста́рый, но о́чень хоро́ший. Е́сли вы ку́пите DVD, я _____, что вам понра́вится (you will like) э́тот фильм.

   — Пра́вда? Вы мо́жете э́то _____? А е́сли фильм не понра́вится (what if I don't like it)?

3. — Ты не зна́ешь, на террито́рии Моско́вского Кремля́ мо́жно _____?

   — На террито́рии Кремля́ _____ мо́жно. А в собо́рах нет.

🎧 5.5 Зада́ние 12. Ты мо́жешь...?

You will hear some sentences that describe what someone is able to do, but with the subject of the sentence missing. Circle the logical subject of the verb.

1. Дени́с   Абду́ловы   вы
2. Я   мы   Ната́лья Миха́йловна
3. Ты   Ке́йтлин   Же́ня и Ама́нда
4. Он   я   они́
5. Вы   Зо́я Степа́новна и Дени́с   ты

5.6 Задание 1. Что они делают на этой неделе (this week)?

Review the events for the last two episodes and then insert the missing verbs of motion and destinations that correspond to what happens in the story. One has been done for you.

1. Аманда не _____ в _____, потому что Дениса там не будет. Денис ___едет___ в _____.

2. В пятницу вечером Тони _____ в _____.

3. В среду Кейтлин _____ на _____. Она _____ в Казанский _____.

4. А Джош в это время _____ на _____ группы Би-2.

5.6 Задание 2. Во сколько? / Когда?

You are a tourist in St. Petersburg and have a lot of questions about when things open, when events start, and when your group is going to various places. Use either the colloquial **во сколько** (at what time) or **когда** (when) to find out the following information. You will receive a card with the answers to one set of questions, and will need to ask your partner questions to get the answers to the other set. Write the times in the blanks provided. Remember to include the preposition **в** and the appropriate form of **час / часа / часов**.

Вопросы (вариант А)

1. Во сколько завтра открывается Русский музей? _____
2. Когда открывается кафе «Идеальная чашка»? _____
3. Во сколько начинается концерт? _____
4. Когда начинается наша экскурсия? _____
5. Когда мы идём в музей Достоевского? _____
6. Когда мы идём на оперу? _____

Вопросы (вариант Б)

1. Во сколько открывается фитнес-центр? ___часов___
2. Во сколько открывается магазин «Дом книги»? ___часов___
3. Когда мы идём в музей «Эрмитаж»? ___часов___
4. Когда мы идём на балет? ___часов___
5. Когда открывается бассейн? ___час___
6. Во сколько начинается фильм «Сталинград»? ___часа___

5.6 ЗАДА́НИЕ 3. КОГДА́ ТЫ ЗА́НЯТ(А́)? КОГДА́ ТЫ СВОБО́ДЕН/СВОБО́ДНА?

Work with a partner to complete the following dialog between Amanda and Zhenya using words from the word bank. Use each item only once. Be careful not to confuse the words for "busy" and "classes"! Read the dialog aloud as you work.

за́нят	заня́тия	открыва́ется
ра́да	занята́	не могу́
пошли́		свобо́ден

Же́ня: Ама́нда, пошли́ сего́дня в кафе́!

Ама́нда: Извини́, Же́ня, но я ___занята___. Сего́дня я ___з_____. Слу́шай, а что ты де́лаешь за́втра? Ты ___свободен___ (free)?

Же́ня: Да, а что? Ты хо́чешь в кафе́ за́втра?

Ама́нда: Нет. В Ру́сском музе́е* но́вая вы́ставка (exhibit). ___рада___ в музе́й!

Же́ня: Дава́й, то́лько не за́втра. За́втра вто́рник.

Ама́нда: Ты за́втра ___занят___? Но ты сказа́л, что у тебя́ ничего́ нет.

Же́ня: Ама́нда, во вто́рник музе́й не рабо́тает!

Ама́нда: О да! Коне́чно. А в сре́ду у́тром во ско́лько он _____?

Же́ня: Наве́рное, в 10.00 часо́в. Но в сре́ду я не могу́ — у меня́ весь (all) день _____. Дава́й в четве́рг.

Ама́нда: Дава́й. Же́ня, я о́чень ___рада___ что мы наконе́ц (finally) идём вме́сте в музе́й.

*Petersburg's main museum of Russian art

5.6 ЗАДА́НИЕ 4. Ви́ды тра́нспорта

a. Work with a partner to name the different kinds of transportation pictured below.

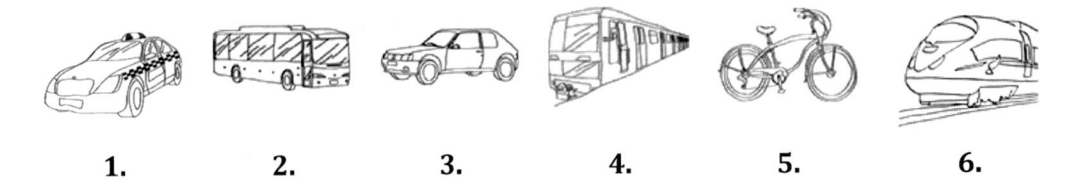

1.   2.   3.   4.   5.   6.

б. Read the following situations and ask for advice about the best way to get to each place.

    0. You are in Moscow and need to get to Moscow State University.
В университе́т мо́жно е́хать на авто́бусе?

    1. You are in Petersburg and need to get to the Russian Museum (in the city center).

    2. You are in Moscow and want to travel to Kazan'.

    3. You are at Yaroslavl' University and want to go to the market.

    4. You are with Amanda at the dorm of European University in Petersburg, and have tickets to the opera that evening at the Marinsky Theater.

    5. You are in Petersburg and want to travel to Moscow.

в. Here are the elements of the answers to your questions, which you will need to turn into complete sentences. Work with a partner and read your answers aloud as you go. Your instructor may ask you to put some of your answers on the board.

1. to / Ру́сский музе́й / мо́жно е́хать / метро́ / и́ли / авто́бус

   _____

2. to / Каза́нь / мо́жно е́хать / по́езд / и́ли / авто́бус

   _____

3. to / ры́нок / мо́жно е́хать / велосипе́д

   _____

4. to / теа́тр / мо́жно е́хать / велосипе́д / и́ли / авто́бус / и́ли / такси́

   _____

5. to / Москва́ / мо́жно е́хать / маши́на / и́ли / авто́бус / и́ли / по́езд

   _____

5.6 Задáние 5. Ситуáция. Ты мóжешь игрáть в футбóл в пя́тницу?

Your teacher will give you a card with a question to ask. You will be working in a pair or small group. Find out if other people in your group can do the activity you want to do. If you are talking to one classmate, you can use the familiar **ты**. If you are talking to two people, remember to use the plural **вы**.

Вопрóс: В пя́тницу днём ты мóжешь (вы мóжете) игрáть в футбóл?

Ваш отвéт: Во скóлько? / Когдá? (*and, depending on what you find out*)

Да, я могý, я свобóден / я свобóдна.
   Или
Нет, я не могý. Я зáнят / Я занятá. У меня́ в пя́тницу лéкция (*or whatever it is you have going on*).

5.6 Задáние 6. Перевóд (Translation)

With a partner work to translate the following dialogues into Russian.

1. "Where are you going?" [*to a fellow student who is on foot*]
   "I'm going to the dining hall, and then to the library. Need to study."

   _____
   _____
   _____
   _____

2. "Can you play soccer on Saturday morning?"
   "In the morning I'm busy. I'm free at 2:00. Can you play Saturday afternoon?"

   _____
   _____
   _____
   _____

3. "Tomorrow we're going [*on foot*] on an excursion to the Kremlin."
   "Why aren't we going by bus?
   "The Kremlin is located not far [*from here*]. We're [*going*] on foot (пешкóм).""
   "What time are we going?"

   _____
   _____
   _____
   _____
   _____
   _____

Между нами: Рабóта в аудитóрии

Уро́к 5: часть 3

5.7 Зада́ние 1. Опя́ть танцу́ют? Кто что де́лает?

Work with a partner to fill in the blanks with the initial(s) of the person who performed each action below. Read the sentences aloud as you work.

К = Ке́йтлин	МА = Мара́т Аза́тович	РЮ = Ри́мма Ю́рьевна
А = Абду́ловы		С = сосе́ди

1. _____ опя́ть о́чень по́здно танцу́ют.
2. _____ ду́мает, что э́то о́чень интере́сная му́зыка.
3. _____ ча́сто е́здят в Москву́, в Евро́пу, в Аме́рику.
4. _____ ра́ньше ходи́ли на конце́рты, кото́рые дава́ли сосе́ди.
5. _____ выступа́ли то́лько в Каза́ни.
6. _____ не мо́гут спать.
7. _____ ра́ньше никуда́ не е́здили.
8. _____ ре́дко быва́ют до́ма.
9. _____ ду́мает, что сосе́ди — хулига́ны.
10. _____ говори́т, что арти́сты — необы́чные лю́ди (people).
11. _____ хо́чет познако́миться.
12. _____ не понима́ют, что нельзя́ танцева́ть, когда́ сосе́ди спят.

5.7 Зада́ние 2. Ра́ньше.., а тепе́рь...

In this episode we find out how the Abdulovs' relationship to their upstairs neighbors has changed from what it was in the past. Using the construction **Ра́ньше.., а тепе́рь...** (Formerly..., but now...") match the items in the phrase bank so that you wind up with logical sentences. Your sentences may include information not provided in the text. Read the full sentences aloud as you go so you that you have a chance to practice the **Ра́ньше.., а тепе́рь...** construction.

Ра́ньше _____, а тепе́рь _____.

1.	Абду́ловы ходи́ли на конце́рты, где выступа́ли сосе́ди	6.	Мара́т Аза́тович люби́л слу́шать му́зыку, кото́рую игра́ли сосе́ди
2.	Мара́т Аза́тович встаёт ра́но и не мо́жет но́чью слу́шать му́зыку	7.	музыка́нты выступа́ли то́лько в Каза́ни
3.	Ке́йтлин никогда́ не слы́шала тата́рскую му́зыку	8.	музыка́нты е́здят не то́лько в Москву́, но и в Евро́пу
4.	Ке́йтлин ду́мает, что э́та му́зыка о́чень интере́сная	9.	никто́ не знал э́ту музыка́льную гру́ппу
5.	Мара́т Аза́тович ду́мает, что сосе́ди — хулига́ны	10.	э́то о́чень изве́стные музыка́нты

5.7 Задáние 3. Noticing: "Making Regular Trips"
Read the following sentences taken from this episode and circle the verbs that convey "making a trip" somewhere. Then indicate the meaning of each infinitive.

1. У них вездé концéрты, онú всё врéмя éздят в рáзные городá.
2. Онú éздят в Москвý, в Петербýрг, в Еврóпу, в Амéрику.
3. Мы чáсто ходúли на их концéрты.
4. А сейчáс онú ужé óчень извéстные, и óчень мнóго éздят.

to make trips on foot: ___ ходúть ___ éздить

to make trips by vehicle or transport: ___ ходúть ___ éздить

5.7 Задáние 4. Тóни в Ярослáвле
a. <u>Timed Reading</u>. Read this passage about Tony's daily life in Yaroslavl', which was taken from an email he wrote to a Russian acquaintance who is currently studying in El Paso. Your teacher will give you three minutes. See if you can read the entire passage before time is called.

> У меня в Ярослáвле обы́чное расписáние студéнта. Я кáждый день хожý в университéт. Я хожý пешкóм, так как* университéт находится не óчень далекó от квартúры Зóи Степáновны. А другúе студéнты в нáшей грýппе éздят в университéт úли на автóбусе, úли на троллéйбусе. Я иногдá éзжу на автóбусе, но не óчень чáсто. Конéчно, у нас в Ярослáвле нет метрó. Кáждую срéду мы хóдим на экскýрсию, а в пя́тницу и в суббóту вéчером я хожý в теáтр úли на концéрт. В Эль-Пáсо я не ходúл в теáтр, а здесь я пóнял, что ходúть в теáтр интерéсно. Здесь живёт дя́дя Денúса Гýрина, егó зовýт Юрий. Он рабóтает в теáтре и хóдит на все спектáкли*, и он совéтует*, на какúе спектáкли нáдо идтú. Тепéрь мы чáсто хóдим в теáтр вмéсте.
>
> Как всё в Эль-Пáсо? Ты мнóго хóдишь пешкóм, úли ты éздишь на университéтском автóбусе? Дóма я обы́чно éзжу на машúне, а здесь, конéчно, у меня́ нет машúны.

*так как = since
*спектáкли = performances
*совéтует = advises

б. Read the following sentences, and indicate whether they are true or false by placing a check mark in the appropriate column. For each sentence, find evidence in the text that proves your answer is correct. Be ready to tell the class what evidence you found.

	Это ве́рно.	Это неве́рно.
1. Tony usually walks to school, both in Russia and in Texas.	___	___
2. He goes to the university in Yaroslavl' every other day.	___	___
3. He often rides the subway to get to school.	___	___
4. His group has excursions on Tuesdays.	___	___
5. On the weekends, Tony usually goes to the theater.	___	___
6. In El Paso, Tony was a big theater fan.	___	___
7. Tony goes to all of the performances.	___	___
8. Tony assumes that his friend does not have a car.	___	___

в. Review Tony's email to find the verbs that are used for regular trips or visits. Use what you find to fill in the missing forms in the table below. Note the consonant mutation in the **я** form of both verbs.

ходи́ть		е́здить	
я		я	
ты		ты	
он(а́)	хо́дит	он(а́)	е́здит
мы		мы	е́здим
вы	хо́дите	вы	е́здите
они́	хо́дят	они́	

Между нами: Рабо́та в аудито́рии

Уро́к 5: часть 3   253

5.7 Задáние 5. Кто кудá хóдит? Кто кудá éздит?

Take turns reading these sentences aloud with a partner. The beginning of each sentence indicates *where* our characters go regularly, while the ending of each sentence tells you *why* they go there. Fill in the blanks with appropriate destinations from the phrase bank.

| в Áнглию | в Москвý | в теáтр и на концéрты |
| в бассéйн | в Ярослáвль | на экскýрсию |

1. Кéйтлин кáждую срéду хóдит _____, потомý что это часть её прогрáммы.

2. Амáнда не óчень чáсто хóдит _____, потомý что он нахóдится далекó от общежи́тия.

3. Дени́с чáсто éздит _____, потомý что там живёт егó бáбушка.

4. Тóни чáсто хóдит _____, потомý что в мáленьком гóроде это не óчень дóрого.

5. Натáлья Михáйловна кáждый год (year) éздит _____, потомý что там бывáют интерéсные конферéнции.

6. Зóя Степáновна иногдá éздит _____, потомý что там у неё семья́ — Дени́с и егó роди́тели.

5.7 ЗАДА́НИЕ 6. NOTICING: В И́ЛИ НА?

Now that you have encountered both destination (**куда́**) and location (**где**) expressions, it is time to work on another idea: whether a phrase needs the preposition **в** or the preposition **на**. Both location and destination phrases can use either of these prepositions, so it may take a little time to learn them well. Try your best to learn phrases in context, and to associate each preposition + noun phrase with a mental picture that illustrates its meaning.

a. Read the phrases in the two columns below, writing **к** (**куда́**) if the phrase shows destination, or **г** (**где**) if it shows location. Notice that the left-hand column contains words that go with the preposition **в**, while the right-hand column contains words that go with the preposition **на**.

в	на
____ в шко́лу	____ на экску́рсию
____ в це́ркви	____ на конце́рте
____ в библиоте́ке	____ на ры́нок
____ в парк	____ на по́чту
____ в общежи́тии	____ на ле́кцию
____ в теа́тре	____ на стадио́н
____ в Москву́	____ на заня́тия
____ в Росси́и	____ на рабо́те
____ в Калифо́рнии	____ на Ку́бу
____ в це́нтре	____ на реке́

б. When you have gone over these expressions with your teacher (or with an answer key your teacher may provide), look at the two lists and compare them. Write in which preposition is most likely to be used in the following situations.

- with most cities, states and countries, use _____
- with activities and events, use _____
- with most open-air locations, use _____
- with enclosed spaces and most buildings, use _____
- for trips to or in proximity to a body of water, use _____
- for islands (including some countries) use _____

There are words, like **по́чта**, which take **на** but do not fit neatly into these general categories. Words like this will be pointed out as you encounter them.

в. "Double" noun phrases may need two prepositions, but they express the same idea: either **куда́** or **где**, but not both. Read the sentences below and consider what their English equivalents might be.

1. У́тром в 8 часо́в Ри́мма Ю́рьевна идёт на рабо́ту в шко́лу.
2. Ке́йтлин идёт на экску́рсию в Кремль.
3. Ама́нда живёт в общежи́тии в хоро́шей ко́мнате.

5.7 Задание 7. Какое слово нужно? В или на?

Take turns with a partner reading the following sentences aloud. Write in the correct preposition for each phrase. Then, decide if the sentence is most likely true by writing in one of the following in the **Реакция** column:

- В = Это, может быть, верно. OR
- Н = Это, по-моему, неверно.

                                                                                                                Реакция

1. В Ярославле Тони часто ходит _____ театр. _____
2. Каждую среду Зоя Степановна ходит _____ экскурсию _____ Кремль. _____
3. Утром Аманда и Моник обычно находятся _____ занятиях. _____
4. Родители Аманды живут _____ Калифорнии. _____
5. В воскресенье утром в 6 часов Джош идёт _____ лекцию. _____
6. Светлана Борисовна никогда не ходит _____ работу. _____
7. В воскресенье утром Зоя Степановна ходит _____ церковь. _____
8. Аманда любит русское искусство и поэтому часто ходит _____ музей. _____
9. Наталья Михайловна каждый день ездит _____ Петербург. _____
10. Марат Азатович вчера был _____ центре _____ концерте, где играли его соседи. _____
11. Марат Азатович работает _____ почте. _____
12. Бабушки и дедушки Тони иногда ездят _____ Мексику, где живут их братья и сёстры. _____

5.7 Задáние 8. Закóнчите предложéния (Finish the Sentences)

Work with a partner to complete the sentences below. You will need to use a time expression, a verb, and a complement from the word bank to create a logical conclusion to the beginning of the sentence. You can use verb complements other than those provided if there is suitable vocabulary that you know. Read your sentences aloud as you complete them.

чáсто рéдко никогдá не всегдá обы́чно всё врéмя кáждый день кáждую недéлю	обéдает / обéдают	в столóвой в дорогóм ресторáне
	éздит / éздят	в Нью-Йóрк на автóбусе домóй в Парúж
	пьёт / пьют	кóфе чай кóлу
	хóдит / хóдят	в кинотеáтр в фúтнес-цéнтр в библиотéку
	читáет / читáют	блóги веб-сáйты газéту учéбники
	говорúт / говоря́т	по-рýсски по-францýзски
	пúшет / пúшут	большúе сочинéния имéйлы эсэмэ́ски домáшние задáния
	смóтрит / смóтрят	францýзские фúльмы фúльмы на компью́тере америкáнский футбóл рýсские фúльмы

1. Человéк, котóрый мáло спит и мнóго рабóтает, навéрное,…
   _____

2. Студéнты, котóрые ýчатся в университéте, навéрное,…
   _____

3. Студéнты, котóрые изучáют рýсский язы́к, навéрное,…
   _____

4. Человéк, котóрый рабóтает в Нью-Йóрке, а живёт в Нью-Джéрси, навéрное,…
   _____

5. Студéнтка, котóрая лю́бит францýзское кинó, навéрное,…
   _____

6. Челове́к, кото́рый не лю́бит ко́фе, наве́рное,…

_____

7. Студе́нт, кото́рый у́чится во Фра́нции, наве́рное,…

_____

8. Студе́нты, кото́рые лю́бят спорт, наве́рное,…

_____

9. Студе́нты, кото́рые о́чень лю́бят быть в интерне́те, наве́рное,…

_____

🎧 5.7 Зада́ние 9. О ком? О чём? (Prepositional Plurals)

You will hear a sentence about a story that one of our characters would like to tell. Place a check mark in the appropriate column to indicate whether you will hear about one person, multiple people, one thing, or multiple things.

Образе́ц: You hear: — Она́ хо́чет рассказа́ть о бра́те. √ О ком? (singular)

— Она́ хо́чет рассказа́ть об э́тих фи́льмах. √ О чём? (plural)

	О ком? (singular)	О ком? (plural)	О чём? (singular)	О чём? (plural)
1.	____	____	____	____
2.	____	____	____	____
3.	____	____	____	____
4.	____	____	____	____
5.	____	____	____	____
6.	____	____	____	____
7.	____	____	____	____
8.	____	____	____	____

5.7 Задание 10. Закончите предложения

Working with a partner, complete the sentences below with adjectives and nouns from the word bank. Note that all the word bank items are in the prepositional case, but some are singular and some are plural. Each sentence should use an adjective and a noun. Read your sentences aloud as you complete them.

американских	другом	доме
новом	городе	новых
разных	студентах	домах
	инструментах	

1. Сосéди Марáта Азáтовича игрáют на _____ _____.
2. Абдýловы купи́ли кварти́ру в _____ _____.
3. Фи́рма, где рабóтает Марáт Азáтович, сейчáс продаёт (is selling) кварти́ры в _____ _____, но они́ нахóдятся далекó от цéнтра Казáни.
4. Натáлья Михáйловна мнóго знáет об _____ _____, котóрые сейчáс ýчатся в Росси́и.
5. Дени́с ýчится в Москвé. А Амáнда ýчится в _____ _____ — в Санкт-Петербýрге.

новой	концéртах	кýрсе
интерéсном	хозя́йке	штáтах
интерéсных	трéтьем	рáзных
	студéнте	

6. В США Тóни и Кéйтлин ýчатся в _____ _____ — Тóни в Техáсе, а Кéйтлин в Огáйо.
7. Джош ýчится на _____ _____.
8. В имéйле Амáнда рассказáла об _____ _____, котóрого зовýт Жéня Кузнецóв.
9. В начáле семéстра Кéйтлин рассказáла Тóни о _____ _____, котóрую зовýт Ри́мма Ю́рьевна.
10. В блóге Джош пи́шет об _____ _____, на котóрые он ходи́л в Иркýтске.

🎧 5.8 Зада́ние 1. Свобо́дное вре́мя

Listen to each sentence and place a check mark under the picture that is described.

	А	Б
1.		
2.		
3.		
4.		
5.		

6. _____   _____

7. _____   _____

5.8 Задáние 2. Как ты обы́чно тудá добирáешься (get there)?

Мы игрáем в кáрты! Your teacher will give you and a partner two sets of cards. One set has information about how someone gets to a destination, while the other set has pictures depicting modes of transportation. The set of cards with pictures should be spread out and placed face-up so that you both can see them easily. The set of cards with sentences on them should be placed face-down in a pile. Take turns drawing a card from the sentence pile and reading it aloud to your partner. Your partner should then point to the picture card that best illustrates the sentence.

5.8 Задáние 3. Опрóс. Свобóдное врéмя

a. A group of Russian students wants to find out how students at your university spend their free time. To help answer their questions, fill out the survey below, writing in the time expression that applies to each activity. Read the sentences aloud as you complete them.

иногдá	кáждую недéлю	(почтú) кáждый день
никогдá не	рéдко	чáсто

В э́том семéстре...

1. Я _____ хожý в фи́тнес-цéнтр.
2. Я _____ хожý в теáтр.
3. Я _____ хожý в столóвую.
4. Я _____ хожý в бассéйн (я плáваю).
5. Я _____ хожý на концéрты оркéстра и́ли хóра.
6. Я _____ хожý на рок-концéрты.
7. Я _____ хожý на стадиóн смотрéть матч.
8. Я _____ хожý в парк гуля́ть.
9. Я _____ бéгаю.
10. Я _____ смотрю́ сериáлы по телеви́зору.
11. Я _____ читáю и́ли пишý стихи́.
12. Я _____ читáю блóги и́ли пишý блог.
13. Я _____ éзжу в другúе городá.
14. Я _____ обéдаю в дорогóм ресторáне.

б. Your teacher will now give you a card with a question based on the statements above. Ask your question to the other students in the class, and record the answers that you receive. When you are asked a question, respond by reading the applicable sentence from the survey.

5.8 Задание 4. Как это по-русски?

Match each English phrase on the left to its Russian equivalent on the right.

1. ____ no one / nobody
2. ____ no way / not in any way
3. ____ nowhere / not anywhere
4. ____ never / not at any time
5. ____ nothing / not anything
6. ____ to nowhere / not to anywhere

а. ничего не
б. нигде не
в. никто не
г. никуда не
д. никак не
е. никогда не

5.8 Задание 5. Как это по-русски?

Fill in the blanks with the appropriate Russian words. Make sure to negate the verb with **не**.

1. <u>Nobody</u> goes to the gym.

   _____ ____ ходит в фитнес-центр.

2. There is <u>no way</u> I can go to the game.

   Я _____ ____ могу идти на футбольный матч. У меня экзамен.

3. Josh had <u>never</u> gone to Russia before.

   Раньше Джош _____ ____ ездил в Россию.

4. Zoya Stepanovna did <u>not</u> go <u>anywhere</u> yesterday.

   Зоя Степановна вчера _____ ____ ходила.

5. Cindy <u>never</u> does <u>anything</u>. She just sleeps.

   Синди _____ _____ ____ делает. Она только спит.

6. I can<u>not</u> buy the camera I want <u>anywhere</u>.

   Я _____ ____ могу купить фотоаппарат, который я хочу.

7. There is <u>not anyone</u> in our group who speaks Chinese.

   В нашей группе _____ ____ говорит по-китайски.

Между нами: Работа в аудитории

5.8 Задание 6. Ты хо́чешь...?

You and a partner will now ask one another questions about where you might want to live, work and study. Answer each question using the phrases in the box as possible models. Be ready to share what you learn with the class.

Да, я о́чень хочу́...	, но сейча́с я не могу́.
Да, я хочу́...	но я не зна́ю, когда́.
Нет, я не хочу́...	и я не могу́.
Нет, я не могу́...	и не о́чень хочу́.

0. Ты хо́чешь <u>жить в Ло́ндоне</u>?
   Да, я о́чень хочу́ жить в Ло́ндоне, но сейча́с я не могу́.

1. Ты хо́чешь <u>жить в Манха́ттене</u>?

2. Ты хо́чешь <u>учи́ться в Росси́и</u>?

3. Ты хо́чешь <u>учи́ться в Кита́е</u>?

4. Ты хо́чешь <u>рабо́тать в большо́й фи́рме</u>?

5. Ты хо́чешь <u>рабо́тать в большо́м го́роде</u>?

5.9 Задание 1. Куда́ они́ ходи́ли? Куда́ они́ е́здили?

Work with a partner to fill in each blank with the appropriate character's name and to circle the corresponding form of the verb. Read each sentence aloud as you complete it.

1. _____ [ходи́л / ходи́ла] на экску́рсию.

2. _____ [ходи́л / ходи́ла] то́лько на заня́тия.

3. _____ [е́здил / е́здила] в Петерго́ф.

4. _____ [е́здил / е́здила] в Чебокса́ры.

5. _____ никуда́ не [ходи́л / ходи́ла].

6. _____ [е́здил / е́здила] в гиперма́ркет.

5.9 Зада́ние 2. Creating Sentences

Create complete Russian sentences from the items between the slashes. Then translate those sentences into English.

a. Ка́ждый / среда́ / Джош / вставать (встай-) / 8.00 / час.

По-англи́йски: _____

б. Он / бы́стро / одева́ться [одева́й- +ся] / и / идти́ / университе́т.

По-англи́йски: _____

в. Джош / обы́чно / е́здить / центр / авто́бус.

По-англи́йски: _____

г. В / свобо́дный / вре́мя / Джош / игра́ть / футбо́л / и / ходи́ть / джаз-клу́б / и́ли / конце́рт.

По-англи́йски: _____

5.9 Задáние 3. Какóе расписáние у Джóша? А какóе у Тóни?

In the course of this unit you have found out a lot about Caitlin's schedule. Now you will learn similar information about Josh's and Tony's schedules for comparison. Your instructor will give you a portion of the information needed to fill in the table below. You will need to ask questions to the members of your assigned group to fill in the missing information.

а. Вопрóсы: Take a moment to formulate the questions that you will need to ask. Note that the format of the answers mirrors the format of the question.

— Что у Джóша / у Тóни ____ понедéльник____ ýтром? А что у негó днём?

— Что у Джóша / у Тóни ____ втóрник____ ýтром / днём?

— Что у Джóша / у Тóни ____ срéд____ ýтром / днём?

— Что у Джóша / у Тóни ____ четвéрг____ ýтром / днём?

— Что у Джóша / у Тóни ____ пя́тниц____ ýтром / днём?

— Что у Джóша / у Тóни ____ суббóт____ ýтром / днём?
— В _____ ýтром у негó...

— А что он дéлает в _____ (day) вéчером?
— В _____ вéчером он...

You could also ask when Josh and Tony have classes in **фонéтика**, **граммáтика** and **разговóрная прáктика** as all three of our undergraduates are taking those subjects.

— Когдá у Джóша фонéтика?
— У негó фонетика в понедéльник и в четвéрг.

б. Use the information on your card to fill in the information in the table that you can. Then ask your prepared questions to the members of you group to fill in what remains. The table can only be filled in if you all work together as you all have different pieces of information.

Расписáние Джóша	Расписáние Тóни
пн. ýтром / днём / вéчером	**пн.** ýтром / днём / вéчером

Расписание Джоша		Расписание Тони	
вт. утром днём вечером		**вт.** утром днём вечером	
ср. утром днём вечером		**ср.** утром днём вечером	
чт. утром днём вечером		**чт.** утром днём вечером	
пт. утром днём вечером		**пт.** утром днём вечером	
сб. утром днём вечером		**сб.** утром днём вечером	

Между нами: Работа в аудитории

Расписа́ние Джо́ша		Расписа́ние То́ни	
вс. уд́ тром		**вс.** уд́ тром	
днём		днём	
ве́чером		ве́чером	

5.9 Зада́ние 4. Summing Up

Your instructor will assign your group one character from our story and time to prepare a brief presentation about that person. You will need to say as much as you possibly can using what you have learned thus far.